图解股票技法

实盘解析短线追涨与低吸技术

郑葭◎著

中国铁道出版社有限公司
CHINA RAILWAY PUBLISHING HOUSE CO., LTD.

图书在版编目（CIP）数据

图解股票技法：实盘解析短线追涨与低吸技术/郑葭著.—北京：中国铁道出版社有限公司，2024.6
ISBN 978-7-113-31140-7

Ⅰ.①图… Ⅱ.①郑… Ⅲ.①股票交易-图解 Ⅳ.①F830.91-64

中国国家版本馆CIP数据核字（2024）第068192号

书　　名：图解股票技法——实盘解析短线追涨与低吸技术
TUJIE GUPIAO JIFA：SHIPAN JIEXI DUANXIAN ZHUIZHANG YU DIXI JISHU
作　　者：郑　葭

责任编辑：杨　旭	编辑部电话：（010）51873274	电子邮箱：823401342@qq.com

封面设计：仙　境
责任校对：苗　丹
责任印制：赵星辰

出版发行：中国铁道出版社有限公司（100054，北京市西城区右安门西街8号）
印　　刷：河北宝昌佳彩印刷有限公司
版　　次：2024年6月第1版　2024年6月第1次印刷
开　　本：710 mm×1 000 mm　1/16　印张：11.5　字数：170千
书　　号：ISBN 978-7-113-31140-7
定　　价：69.00元

版权所有　侵权必究

凡购买铁道版图书，如有印制质量问题，请与本社读者服务部联系调换。电话：（010）51873174
打击盗版举报电话：（010）63549461

前言

短线投资是股市投资策略中的一大分类，在大多数个股的筹码池中都存在不少短线投资盘。这些投资盘不会在一只股票中停留太久，几周或一两个月之后，它们的资金就会流出，汇集到其他的优质个股中去。

由此可见，短线投资奉行快进快出、及时卖出的原则，不断地在优质个股中游走，以期通过积少成多的方式获取收益。这样的方式能很好地分散长时间投资一只股票的风险，但对投资者的精力和经验有一定要求。

不同的投资者能够花费在股市分析中的精力和时间基本是可以自行控制的，但投资的经验和能力却不是投资者想拥有就能拥有的，这需要通过长久、深入的学习，在丰富的实战中获取。

对于短线投资而言，低吸和追涨极为关键，也是投资者需要重点关注的两类技术。低吸价格和追涨时机是否合适，决定了投资者的获利空间是否足够，这涉及对持股成本和投资风险的控制。而不同操作风格的投资者对于低吸和追涨的时机把握也不尽相同，因此，这是一项很复杂的工作，投资者需要从多方面入手学习。

一般来说，K线在相对低位及上升过程中形成的各种反转、看涨形态是投资者需要掌握的，一些常见的技术指标如MACD指标、KDJ指标和移动平均线等，投资者也有必要了解其在低吸和追涨过程中的应用。

除此之外，短线投资者还需要有逻辑、有计划地进行低吸与追涨操作，不能盲目买卖。下图为此书的基本结构。

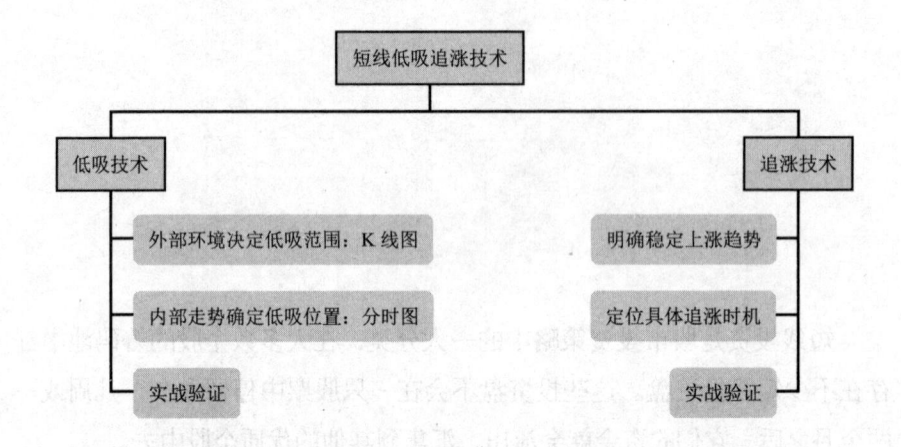

```
                    短线低吸追涨技术
            ┌───────────┴───────────┐
          低吸技术                追涨技术
            │                      │
   外部环境决定低吸范围：K线图    明确稳定上涨趋势
            │                      │
   内部走势确定低吸位置：分时图    定位具体追涨时机
            │                      │
         实战验证                实战验证
```

从大致结构可以看出，全书将低吸技术与追涨技术分开解析，并从外到内、从大趋势到小细节，循序渐进地讲解短线投资者应该掌握的基本投资逻辑和技巧。其中的每一个版块都包含大量理论知识和真实案例解析，相信能够很好地帮助短线投资者理解与应用相关知识。

最后，希望读者能够通过对本书中知识的学习提升自己的炒股技能，收获更多的投资收益。但任何投资都有风险，也希望广大投资者在入市和操作过程中谨慎从事，规避风险。

作　者

2024年1月

目录

第1章 寻找低吸机会

1.1 下跌末期提前预判 002
1.1.1 K线与均线的加速下跌 002
实例分析 高盟新材（300200）K线与均线的加速下跌应用...............003
1.1.2 末期的消耗性缺口 004
实例分析 西部材料（002149）末期的消耗性缺口应用...................006
1.1.3 成交量异动预判 007
实例分析 苏大维格（300331）下跌末期量增价跌应用...................008
1.1.4 多种技术指标的底背离 010
实例分析 德迈仕的KDJ指标底背离 011
实例分析 聚辰股份的MACD指标底背离 012
1.1.5 CCI指标过度下跌 014
实例分析 吉贝尔（688566）CCI指标跌破-280线应用................015

1.2 筑底阶段注意形态 017
1.2.1 K线反转形态参考 017
实例分析 中矿资源（002738）阳孕阴应用...................................018
实例分析 玲珑轮胎（601966）早晨之星应用...............................020

i

1.2.2 多种筑底形态 022
  实例分析 伯特利（603596）K线双重底应用 023
  实例分析 赫美集团（002356）K线头肩底应用 024
1.2.3 KDJ指标的低位钝化 026
  实例分析 天际股份（002759）KDJ指标低位钝化应用 027
1.2.4 MACD指标柱状线变化 029
  实例分析 宁波东力（002164）MACD绿柱抽脚与转红应用 ... 030
1.2.5 CCI指标线特殊形态 032
  实例分析 毅昌科技（002420）CCI指标线头肩底应用 033
  实例分析 天赐材料（002709）CCI指标线双重底应用 034

1.3 上升开启确定转势 035
1.3.1 K线组合持续上升 035
  实例分析 鸿博股份（002229）低位五连阳与芝麻开花解析 .. 037
1.3.2 量价变化确定趋势 039
  实例分析 华工科技（000988）量平价涨后接量增价涨解析 .. 040
1.3.3 MACD指标波动上行 041
  实例分析 天孚通信（300394）MACD指标波动上行解析 ... 042
1.3.4 布林通道的开口 043
  实例分析 汤姆猫（300459）布林通道的开口解析 044

第2章 确定低吸位置

2.1 分时股价线与均价线的关系 048
2.1.1 股价线坚定突破均价线 048
  实例分析 宁波东力（002164）股价线突破均价线 049
2.1.2 回踩不破也可建仓 050
  实例分析 平安银行（000001）股价线回踩均价线不破 051
2.1.3 乖离变大注意时机 053
  实例分析 益丰药房（603939）股价线与均价线之间乖离变大 ... 053

2.2 股价线的特殊筑底形态 ... 055

2.2.1 股价线暴跌后拉起 ... 056
实例分析 贵州茅台（600519）股价线V形底案例解析 ... 056

2.2.2 低位二次震荡 ... 058
实例分析 妙可蓝多（600882）股价线双重底案例解析 ... 059

2.2.3 底部反复震荡 ... 061
实例分析 毅昌科技（002420）股价线低位震荡案例解析 ... 061

2.3 特殊时段内量价的异动 ... 065

2.3.1 开盘天量涨停 ... 066
实例分析 天永智能（603895）开盘天量涨停案例解析 ... 067

2.3.2 盘中震荡拉升 ... 069
实例分析 泰胜风能（300129）盘中震荡拉升案例解析 ... 069

2.3.3 午盘巨量推涨 ... 071
实例分析 赛摩智能（300466）午盘巨量推涨案例解析 ... 072

2.3.4 午盘突兀涨停 ... 074
实例分析 翠微股份（603123）午盘突兀涨停案例解析 ... 074

2.3.5 尾盘放量暴涨 ... 076
实例分析 赛力斯（601127）尾盘放量暴涨案例解析 ... 077

第3章 低位建仓实盘演练

3.1 股价反转后就立即低吸 ... 080

3.1.1 低位早晨之星反转 ... 080
实例分析 低位早晨之星反转 ... 080

3.1.2 深度回调孤岛底反转 ... 083
实例分析 低位孤岛底反转 ... 083

3.1.3 指标底背离反转 ... 085
实例分析 指标底背离反转 ... 086

３.１.４ 位置偏高分批建仓 088
　　实例分析 位置偏高分批建仓 088
３.１.５ 主力采取相似的拉起方式 090
　　实例分析 熟悉的拉起方式助力投资者建仓 091

3.2 上涨确定后再跟进 092
３.２.１ 注意观察前期预示信号 093
　　实例分析 下跌预示信号很重要 093
３.２.２ 指标提示信号买进 096
　　实例分析 多指标提示信号买进 096
３.２.３ K线与均线的组合形态 098
　　实例分析 出水芙蓉跟进 098
３.２.４ 分时午盘拉升跟进 100
　　实例分析 分时午盘拉升跟进 101

第 4 章 确定整体趋势上行

4.1 暴涨行情分析起止点 104
４.１.１ 看量能变化情况 104
　　实例分析 中孚信息（300659）上涨到后期量缩价涨 ... 105
４.１.２ 涨停板打开后的市场态度 107
　　实例分析 赫美集团（002356）涨停板打开后的股价走势 ... 107
４.１.３ 回落深度确定上涨潜力 113
　　实例分析 金桥信息（603918）K线受中长期均线支撑继续上行 ... 113
４.１.４ 关键支撑线的存在 115
　　实例分析 双环传动（002472）借助关键支撑线追涨 ... 116
４.１.５ 均线排列能否延续 117
　　实例分析 江山欧派（603208）多头排列长期延续 ... 118

4.2 震荡上涨确定延续性 119
4.2.1 上升趋势通道约束股价 120
实例分析 万华化学（600309）借助上升趋势通道追涨 120
4.2.2 均线支撑上山爬坡 122
实例分析 奥普光电（002338）均线组合上山爬坡追涨 123
4.2.3 短线也可以参考火车轨 124
实例分析 春风动力（603129）火车轨中的追涨时机 125
4.2.4 两种整理三角形 126
实例分析 紫金矿业和惠伦晶体中两种整理三角形的应用 127

第5章 具体定位追涨位置

5.1 中继形态确定追涨点 130
5.1.1 K线组合继续上升 130
实例分析 杉杉股份（600884）上档盘旋追涨时机 131
实例分析 抚顺特钢（600399）仙人指路追涨时机 132
5.1.2 突破位关键缺口 134
实例分析 万兴科技（300624）突破缺口追涨时机 135
5.1.3 横盘整理后期追进 136
实例分析 汇顶科技（603160）矩形形态追涨时机 137
5.1.4 蛟龙出海与鱼跃龙门 138
实例分析 景嘉微和赤峰黄金中的蛟龙出海和鱼跃龙门形态 139

5.2 回踩整理位置抓住时机 142
5.2.1 上升趋势中的下降整理 143
实例分析 迪瑞医疗和德方纳米的下降整理形态 143
5.2.2 高成功率的金蛤蟆 146
实例分析 剑桥科技（603083）金蛤蟆追涨时机 147

5.2.3 两次整理金银山谷 149
实例分析 建设机械（600984）金银山谷追涨时机 150

5.3 分时图中也可以追涨 151
5.3.1 股价线二次拉升 151
实例分析 海源复材（002529）股价线二次拉升追涨 152
5.3.2 突破外部关键压力线 155
实例分析 省广集团（002400）股价线突破外部压力线追涨 156

第 6 章 上升追涨实盘演练

6.1 三棵树：稳定性追涨计划 160
6.1.1 回调结束后的初次追涨 160
实例分析 建仓后抓住时机继续追加 160
6.1.2 上涨趋势稳定后的追涨 162
实例分析 上涨趋势中根据突破位追涨 162
6.1.3 再次回调后重新跟进 164
实例分析 上涨初期多指标指示买进 165

6.2 迪瑞医疗：激进性追涨计划 166
6.2.1 连续两次拉升追涨 167
实例分析 连续两次拉升的追涨机会 167
6.2.2 回升过程中的技术指标指示 170
实例分析 拉起后的二次买进时机 170
6.2.3 指标底背离寻追涨时机 171
实例分析 KDJ指标底背离后股价筑底 172

第 1 章

寻找低吸机会

短线操盘的持股时间本就不长，因此，对低吸的成本控制要求更高。许多短线投资者渴望精准抄底，但总是不能很好地把握时机。那么本章就从K线图中，也就是从外部分析出合适的低吸范围，帮助短线投资者打好技术分析基础。但需要注意，实战中投资者不能按照本书中的理论知识进行操作，具体策略需要根据实际走势来确定。

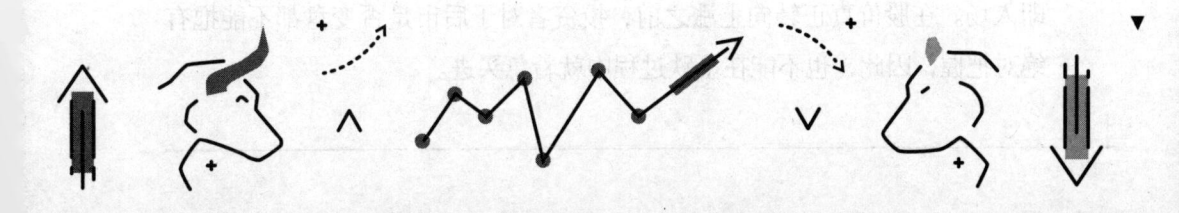

1.1 下跌末期提前预判

许多低吸抄底都是从下跌行情的末期就开始预测了，短线也不例外。但是当股价还处于下跌之时，投资者要怎样才能分析出未来可能的转势时机呢？这就涉及一些特殊的研判技巧和 K 线形态了。

下面就来逐一进行解析。

1.1.1 K 线与均线的加速下跌

加速下跌是一种市场卖盘再次集中施加抛压，导致价格在原有的跌势基础上进一步加大下跌幅度的现象。这种现象在 K 线和均线走势中都会有明显体现，比如 K 线中的阴线实体长度会明显拉大，甚至形成向下跳空缺口；均线则可能加大下行倾角，对 K 线形成更强的压制，如图 1-1 所示。

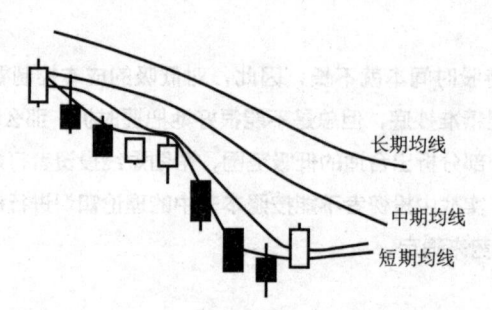

图 1-1　K 线与均线的加速下跌示意图

从短期来看，K 线和均线的加速下跌形态发出的确实是后市看跌的信号，但从长远来看却并非如此。尤其是当形态出现在长期下跌的后期时，往往意味着卖盘即将竭尽下跌动能，一旦股价在某一位置企稳后，可能会形成一波强势反弹，甚至开启新行情。对于短线投资者来说，这就是一个很好的抄底预示信号。

不过需要注意的是，加速下跌形态只用于提前预判，并非让投资者立即入场。在股价真正转向上涨之前，投资者对于后市是否变盘都不能抱有绝对把握，因此，也不能在下跌过程中就着急买进。

真正合适的买点还需要根据后市股价的走向来具体分析，同时可能还要借助其他辅助信息，更多的将会在 1.2 和 1.3 中讲到。

下面先来看一下实战中的加速下跌形态是怎样的。

实例分析

高盟新材（300200）K 线与均线的加速下跌应用

图 1-2 为高盟新材 2022 年 2 月至 6 月的 K 线图。

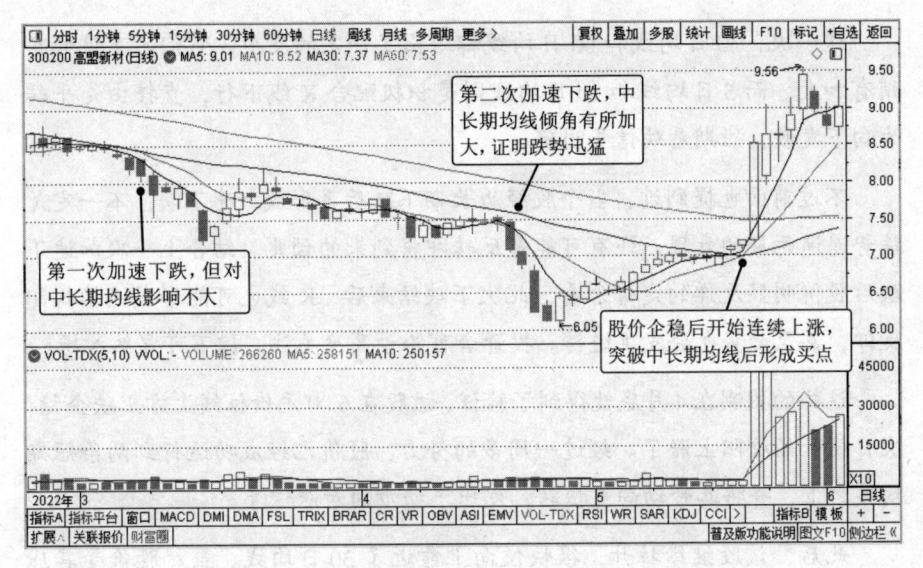

图 1-2　高盟新材 2022 年 2 月至 6 月的 K 线图

从高盟新材这段走势中的中长期均线走势可以看出，该股在前期已经经历了一番持续性的下跌，这才导致整个均线组合几乎都覆盖在 K 线上方，形成了强力的压制。

在 2022 年 3 月初，K 线还在原本下跌的基础上再次加大了收阴幅度，使得阴线实体进一步拉长，形成了加速下跌走势，股价迅速在短时间内从 8.50 元价位线上跌到了 8.00 元价位线附近。在此短暂缓和跌势后，该股继续下行，一直落到 7.00 元价位线上方才彻底结束此次下跌。

单从 K 线走势来看，此次加速下跌还是比较迅猛的，但观察均线就可以发现，两条中长期均线几乎没有受到此次下跌的影响，依旧沿着原有下行轨迹运行，预示信号还不够强，投资者应以观望为佳。

3月中旬，该股开始连续收阳反弹，但高点没能突破30日均线，后续又回归下跌了，买进信号不明确。

一直到4月中旬，该股在7.50元价位线上短暂停留数日后，以一根突兀的长实体阴线开启了下一波急速下跌，并且在短短四个交易日内就从7.50元价位线上跌到了接近6.00元价位线附近，短期跌速比前期快得多。

从K线走势来看，加速下跌的形态很明显，那么均线指标表现如何呢？

这一次，30日均线和60日均线都给出了一定的反应，它们的下跌倾角稍有加大。而5日均线和10日均线则是积极配合K线下行，直接由走平转为向下发散，短期看跌信号明确。

不过前面也提到过，当个股经历长期下跌后再形成加速下跌，不一定是跌势遥遥无期的表现，还有可能是反转即将到来的预兆。结合上一次加速下跌后股价明显反弹的走势来看，此次下跌结束后，K线也可能形成连续收阳反弹，甚至趋势也会发生逆转。投资者可给予高度关注，但不可贸然入场。

这样的推测在4月底就得到了验证，该股在6.00元价位线上方止跌企稳，次日就开始收阳上涨了。经过一周多的努力，股价已经成功运行到两条短期均线之上，并将其带动向上扭转，发出了初步的看涨信号。

此后，该股继续拉升，很快便向上靠近了30日均线。虽然股价受其压制影响横盘了一段时间，但到了5月下旬，K线还是成功越过压力线，两条短期均线也成功将其突破。这时候，买进的信号才明显起来，一直处于观望中的短线投资者买进会更加安全。

1.1.2 末期的消耗性缺口

消耗性缺口属于缺口理论中的一部分，因此，投资者首先需要了解的就是跳空缺口的含义、类型及缺口理论的内容。

简单来说，缺口就是两根相邻K线之间的价格真空区域，在这个区域或这个价格区间内，市场没有成功交易的记录（只是缺口形成的当时没有，后续有回补）。

根据缺口形成的方向，可将其分为向上缺口和向下缺口。向上缺口的第二根 K 线最低价高于第一根 K 线的最高价，向下缺口的第二根 K 线最高价低于第一根 K 线的最低价，如图 1-3 所示。

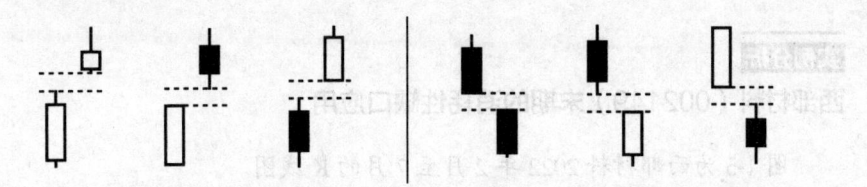

图 1-3　向上缺口（左）和向下缺口（右）示意图

在每大类缺口中，还划分了普通缺口、突破缺口、持续性缺口和消耗性缺口四种。

- 普通缺口：形成于横盘或小幅震荡过程中的小缺口，偶然性较强，没有什么预示意义，实战中一般会将其忽略。
- 突破缺口：股价突破（跌破）某一关键价位线的过程中形成的缺口，第二根 K 线的低点（高点）往往能够越到前期高点（低点）之上（下），或者在相近的位置。
- 持续性缺口：股价持续上涨（下跌）过程中形成的，预示行情将延续的缺口，很多时候会与消耗性缺口相接。
- 消耗性缺口：形成于下跌行情末期，是四个缺口中唯一一个能够预示行情即将产生反转的缺口，一般在持续性缺口之后出现。

图 1-4 为消耗性缺口示意图。

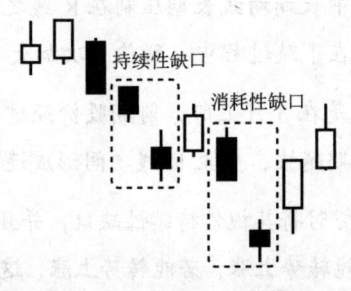

图 1-4　消耗性缺口示意图

消耗性缺口在大多数情况下会与加速下跌同时出现，传递的含义也与加速下跌类似，都是空方助跌动能加速释放直至耗尽，多方借机反弹的预示。因此，投资者可以用同样的策略应对消耗性缺口。

下面来看具体实例。

实例分析
西部材料（002149）末期的消耗性缺口应用

图1-5为西部材料2022年2月至7月的K线图。

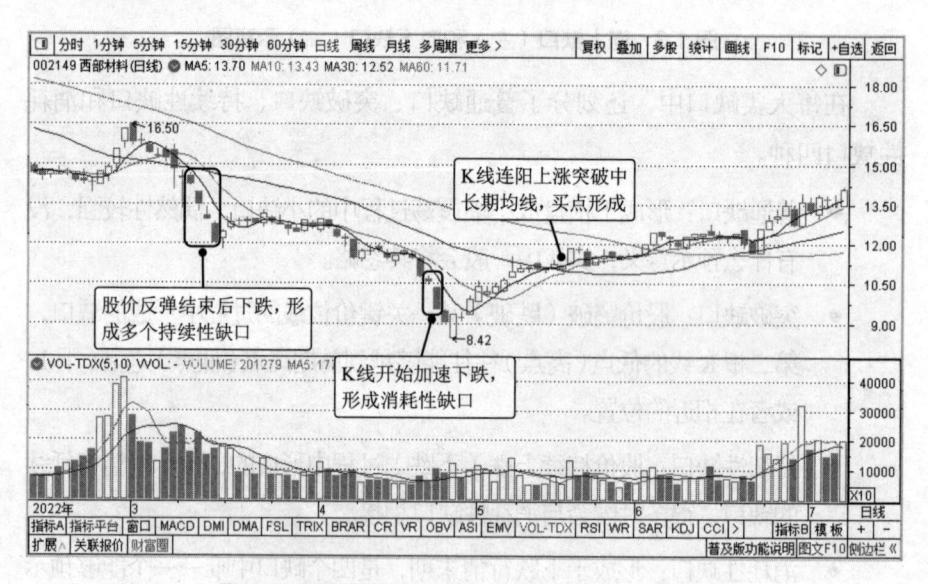

图1-5 西部材料2022年2月至7月的K线图

从图1-5中可以看到，西部材料的表现与上一个案例非常类似。该股在前期经历了一番下跌，中长期均线长期压制在K线之上，股价也没有出现过非常强势的反弹，而且在下跌过程中，股价多次加大下跌幅度。

第一次明显的加速是在3月上旬，前期股价经过一次短暂的反弹后继续下跌，不过跌速越到后期越快，直至K线之间形成连续的缺口。

这时，投资者需要暂时将其视作持续性缺口，并且留在场外观望。毕竟此时还不能确定后市是否能转势上涨，若能转势上涨，这就属于消耗性缺口了。

从后续的走势可以看到，该股在跌至 12.00 元价位线上的次日就出现了收阳，不过数日之后该股只是向上靠近了 13.50 元价位线，但没有接触。因此，投资者依旧要按兵不动。

4 月上旬，股价继续下跌，不过跌速缓和了不少。一直到 4 月中旬，该股才跌到 12.00 元价位线下方不远处。但随着一根长实体阴线的出现，又一次加速下跌拉开了帷幕，在下跌过程中，向下缺口也悄然出现，这是否是消耗性缺口还未可知，投资者应继续关注。

4 月底，股价跌至最低 8.42 元后开始回转上涨。经过数日的观察后投资者可以发现，该股似乎有进入强势反弹或上涨行情的趋势，那么前面的缺口基本上就可以认定为消耗性缺口，投资者要开始准备入场资金了。

5 月中旬，该股终于迈出了关键一步，K 线成功突破到了 30 日均线之上，发出明确的短期看涨信号，投资者可跟随买进了。

1.1.3　成交量异动预判

成交量的异常情况也可以作为预判下跌趋势终止的依据之一。那么，什么样的表现才算是异常情况呢？

首先投资者应该知道，在大多数情况下，成交量与股价之间都是共同进退，或是一方持续涨跌，另一方相对平稳的关系。只在一些特殊的位置或是特殊的情况下，量价之间才会形成彻底的背离，即量增价跌和量缩价涨，这两种形态就基本算是异常了。

在下跌行情的末尾出现的量能异常情况，指的就是在股价持续下跌的过程中，成交量反向放量的形态。

这种量增价跌形态的成因主要有两种：第一种比较常规，也是比较普遍的成因，即成交量的增长意味着买卖盘当时是非常活跃，而股价在此时非但没有上涨，反而下跌，就说明卖盘更为急切，价格竞争十分激烈，卖方宁愿压价也要快速占据优势地位，将筹码卖出。

另一种成因就是本节将要重点介绍的，若量增价跌在行情底部形成，就很可能是主力低位吸筹的表现。为了将价格压低，达到大批量吸取廉价筹码的目的，主力会在低价位处出手压价，随后大量买进。在完成底部吸筹后，主力很可能会于某一时刻突然将价格拉升，带出新行情。

所以，行情底部的量增价跌形态一般可以作为反转预示信号来看待，图 1-6 为量增价跌形态。

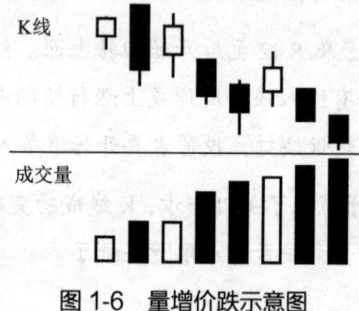

图 1-6　量增价跌示意图

与前面两个小节中介绍的一样，投资者最好不要在量增价跌形成的当时买进，而是需要等到涨势确定后再确定买点，这时候还可以借助量价之间的配合形态分析。

下面进入案例解析。

实例分析

苏大维格（300331）下跌末期量增价跌应用

图 1-7 为苏大维格 2022 年 2 月至 6 月的 K 线图。

单看苏大维格的这段主图下跌走势，投资者可能不会发现任何转势的迹象，毕竟均线组合已经呈现出了持续的空头排列形态，30 日均线和 60 日均线与 K 线之间的距离也很远，这一切都证实了市场走势的低迷。不过若投资者仔细观察下方的成交量，就可以发现一些不同寻常的情况。

在 3 月初，股价结束小幅反弹回归下跌时，K 线在连续收阴下行，但量能却出现了持续的放大，说明在此期间场内的交易频率在不断提高，甚至还超越了前期股价反弹期间的交易活跃度。

一般来说，在这种持续下跌过程出现的量增价跌中，大概率有主力参与的痕迹。尤其是当弱势行情运行较长时间后，量能还能持续与K线发生背离，基本上就可以确定是主力造成的了。

因此，投资者就可以将此处的量增价跌当作行情转势的预兆，进而重点关注该股后市走向，但不可就此买进。

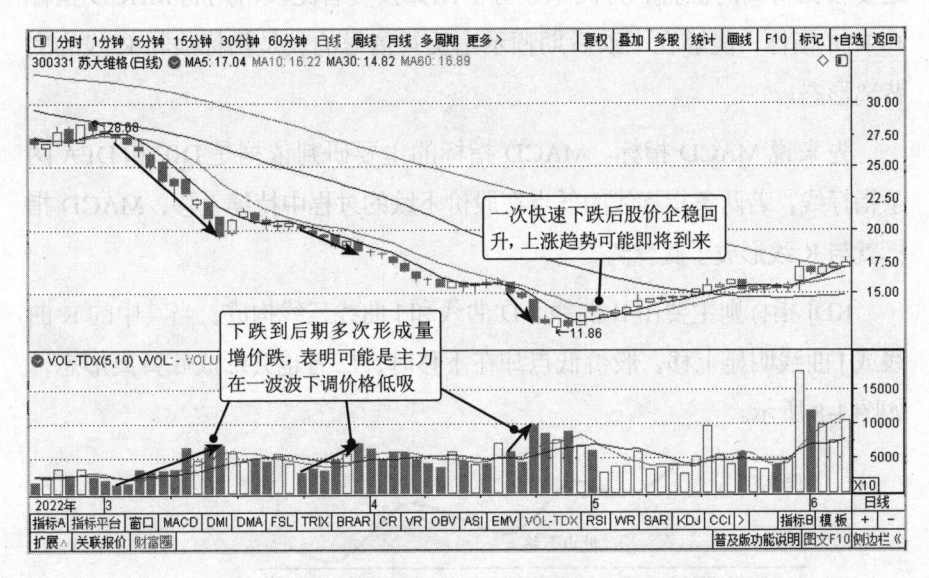

图1-7 苏大维格2022年2月至6月的K线图

继续来看后面的走势。苏大维格的股价在落到20.00元价位线上后横盘整理了一段时间，随后继续下跌。与此同时，成交量再次放量，与K线背离，主力低吸的信号依旧存在。

到了4月中旬，该股已经跌到15.00元价位线上方，在此横盘数日后连续大幅收阴下跌，短短数日就跌破了12.00元价位线，短期跌势十分迅猛。在此期间，成交量也是出现了明显放大，并且峰值已经超越了前期两次放量的高点，主力压价低吸的可能性更大了，投资者要注意观察。

4月底，该股止跌企稳后开始缓慢回升，先是带动两条短期均线向上扭转后形成交叉上行。等到涨势稳定后，更是直接穿越30日均线，形成了比较明确的转势信号。此时，一直处于观望中的投资者就可以考虑跟随主力的步伐介入了。

1.1.4 多种技术指标的底背离

许多技术指标与K线的背离形态也能提前预示出一定的信息，不过还是要根据背离的位置和方向来区分。比如投资者比较常用的MACD指标和KDJ指标，能够在下跌后期预示出反转信号的就是指标线与K线的底背离形态。

先来说MACD指标。MACD指标的主要研判依据是DIF和DEA两条指标线，若两条指标线的低点在股价下跌的过程中持续上移，MACD指标就与K线形成了底背离。

KDJ指标则主要由K曲线、D曲线和J曲线三线构成，当其中的K曲线或J曲线明显上移，股价低点却在下移时，二者也会形成底背离形态，如图1-8所示。

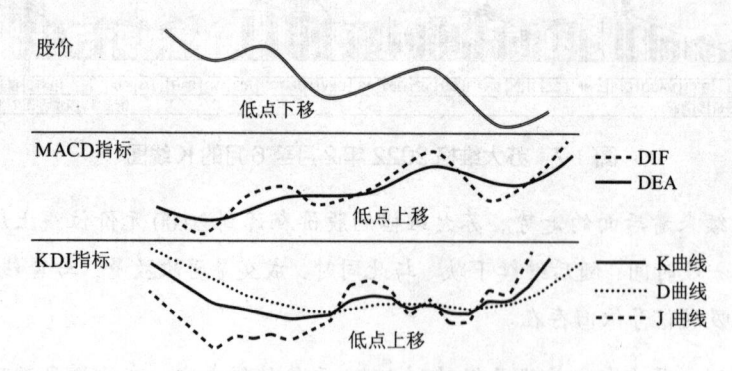

图1-8 KDJ指标和MACD指标的底背离示意图

这两个指标包含的信息虽然有所不同，设计原理也相差很大，但指标线与K线的底背离含义基本都一样，即场内多头在股价下跌的过程中已经开始蓄积能量，待到股价企稳后，就能逐步将其推动向上，甚至最终使得行情转势上涨。

即便是在众多具有预示意义的形态和指标中，MACD 指标和 KDJ 指标的底背离形态也算比较强势、有效的反转预示形态了。

那么投资者在遇到这两种背离时，就可以不用像前面几个形态那样长期等待。因为当底背离出现后不久，股价就可能发生转势，后面即便没有彻底进入上涨行情，也可能有一波强势反弹。

因此，激进型投资者可以在背离发生后就开始寻找合适的位置低吸；谨慎型投资者在得到反转预示，观望一段时间发现股价转入上涨后，也可以迅速跟进建仓。

下面就以德迈仕（301007）和聚辰股份（688123）为例，分别向投资者展示 KDJ 指标和 MACD 指标的底背离形态。

实例分析

德迈仕的 KDJ 指标底背离

图 1-9 为德迈仕 2023 年 3 月至 5 月的 K 线图。

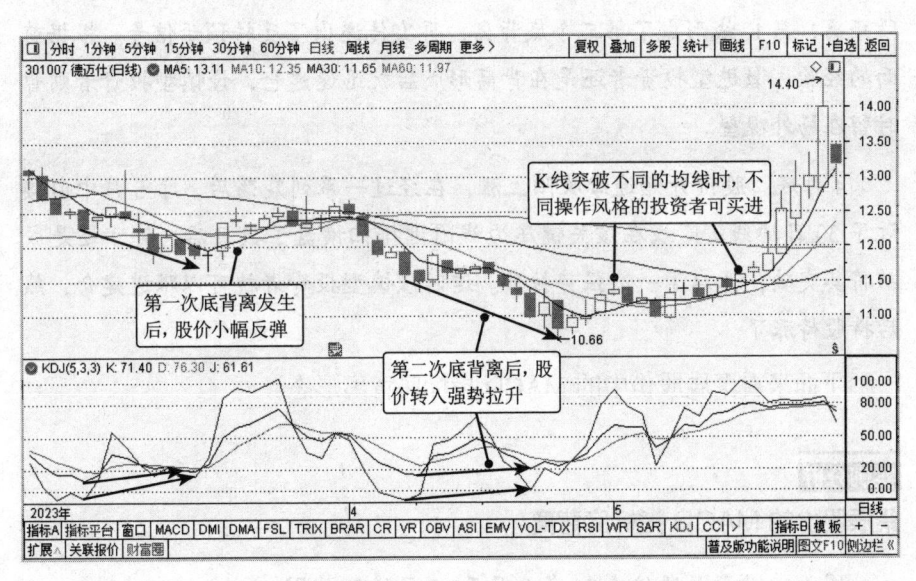

图 1-9　德迈仕 2023 年 3 月至 5 月的 K 线图

德迈仕的这段走势中存在的是 K 线与 KDJ 指标之间的背离，而且还不止一个。

第一次底背离形成于 2023 年 3 月，该股在结束一次强势反弹后回归下跌，低点不断下移。而此时的 KDJ 指标虽然也跟随落到了超卖区内（即 20 线以下，表示市场低迷），但在股价下跌的过程中，J 曲线和 K 曲线低点都出现了反向的上移，与之形成了底背离。

根据理论，当 KDJ 指标中的 J 曲线和 D 曲线的第二个低点确定，并有明显底背离后不久，股价就可能会转势。那么激进型投资者可以在背离形成的同时就低吸买进，持股待涨了。

从后续的走势可以看到，该股确实在数日之后就开始了上涨，但却没能突破中长期均线的压制，只显示为一次幅度不大的反弹。那么当股价继续下跌时，激进型投资者要及时撤离，谨慎型投资者则还需要观望。

4 月上旬，该股跌落至 11.50 元价位线上后横盘整理，此时的 KDJ 指标已经再次落到了超卖区内。4 月中旬之后股价继续下跌，一直跌出 10.66 元的最低价才止住跌势。

此时来看 KDJ 指标，可以发现 J 曲线和 K 曲线的低点分别又上移了一段距离，与 K 线形成了第二个底背离，再次传递出了反转预示信号。根据前面的经验，激进型投资者还是在背离形成后就迅速建仓，谨慎型投资者则暂时留在场外观望。

4 月底，股价开始连续收阳上涨，在经过一系列震荡后，于 5 月中旬接近了 30 日均线。K 线在该关键压力线附近徘徊横盘了数日后，终于还是成功将其突破，开启了一波强势拉升。这时谨慎型投资者就可以跟进建仓，然后持股待涨了。

下面来看聚辰股份中的 MACD 指标底背离形态。

实例分析
聚辰股份的 MACD 指标底背离

图 1-10 为聚辰股份 2021 年 8 月至 12 月的 K 线图。

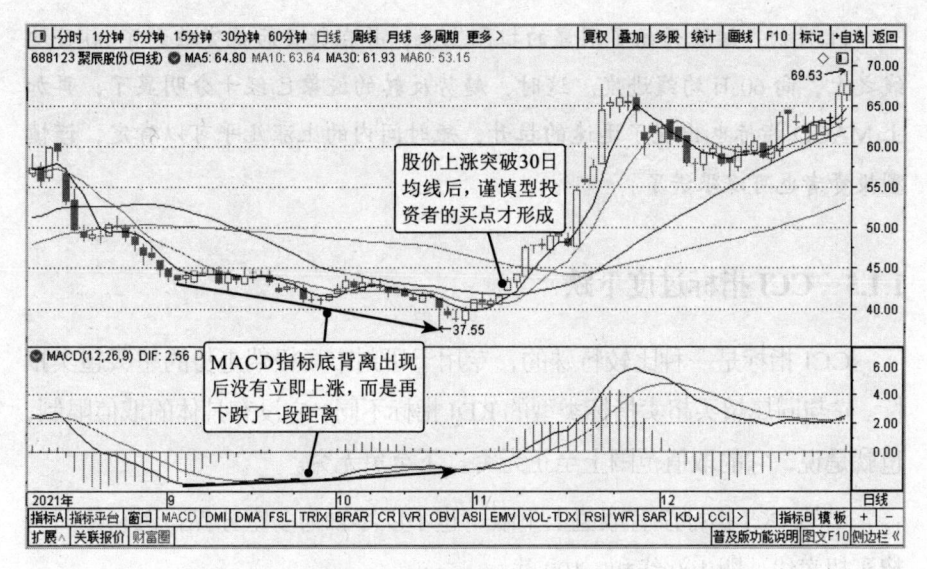

图 1-10 聚辰股份 2021 年 8 月至 12 月的 K 线图

图 1-10 中显示的是聚辰股份的一段涨跌趋势变换的过程，从图 1-10 中可以看到，该股在 2021 年 8 月中旬之前的走势是比较积极的，但在 60.00 元价位线附近见顶后，股价就进入了下跌之中，直至跌破中长期均线，落到低位。

受此影响，MACD 指标线也落到了零轴（常被认为是多空市场的分界线）之下，弱势信号明显，投资者应撤离观望。

9 月初，股价在 45.00 元价位线下方暂时止跌，横盘整理一段时间后继续下跌，一直落到 40.00 元价位线附近才停下。观察 MACD 指标，可以发现两条指标线的低点都有所上移，虽然幅度不大，但依旧与 K 线形成了底背离，发出反转信号。

这时已经有许多激进型投资者买进了，但只要多等待几个交易日就会发现，股价根本没有突破 30 日均线的能力。也就是说，该股还没有到彻底转势的时候。不过，既然背离已经出现，投资者还是可以继续等待，说不定下一次股价就能上涨了。

10 月下旬，该股跌至 37.55 元后企稳，低点相较于前期仍在下移。而 MACD 指标的低点再次向上，与 K 线的底背离依旧在继续，投资者要注意了。

11月初，该股开始了明显的拉阳上涨，并在数日后就突破到了30日均线之上，向60日均线进发。这时，趋势反转的迹象已经十分明显了，再加上MACD指标也出现了迅速的拉升，短时间内的上涨几乎可以肯定，谨慎型投资者也可以跟进了。

1.1.5　CCI指标过度下跌

CCI指标是一种比较特殊的，专用于研判市场极端走势的超买超卖指标。它与同属超买超卖指标类型的KDJ指标不同，它没有具体的取值限制，也就是说，它的取值范围上至正无穷，下至负无穷。

虽然CCI指标没有取值上下限，也不以零轴为多空分界，但它依旧有超买超卖线，即100线和-100线。

当CCI指标线越过100线时，说明市场超买现象明显，股价有过度上涨的迹象，后续可能会反转下跌；反之，当CCI指标线跌破-100线时，市场明显超卖，股价可能被过度低估，后续有反转上涨的可能。

拓展知识　*CCI指标线在-100线到100线运行*

投资者若对超买超卖类型的指标有一定了解就知道，当指标线在超买超卖线之间运行时，往往意味着股价正处于常规波动范围内，市场既没有过度追涨，也没有跟风杀跌。

但CCI指标不同，它是为了极端行情而设计，如果指标线只是在-100线到100线运行，是不能传递出太多有效信息的。也就是说，这个时候的CCI指标没有太大意义，投资者不可单独借此分析操盘。只有当CCI指标线越到超买超卖线之外，才具有更多的分析价值。

280线和-280线是比超买超卖线更加极端的取值，在股价的常规运行过程中，CCI指标线一般接触不到这两条线。但在极端行情中，比如短期暴涨暴跌的情况下，只要CCI指标线触碰到了这两条线，往往意味着股价很快就会发生转势。

因此，当 CCI 指标线向下跌破 -280 线时，就意味着股价已经被过度看跌，随时可能超跌反弹，转入上涨之中，如图 1-11 所示。

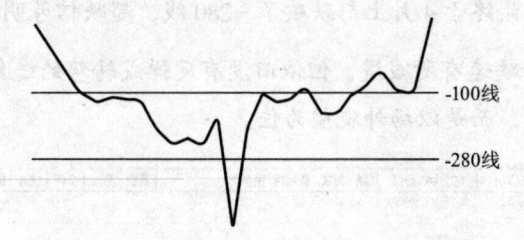

图 1-11　CCI 指标跌破 -280 线示意图

不过，CCI 指标线跌破 -280 线的位置不一定是股价的最低位置，因为它是用于研判极端行情的，所以，更容易出现在股价加速下跌过程中，投资者切不可就此介入。只要股价跌势减缓，CCI 指标线就会很快回到 -280 线之上。

不过虽然股价跌速变缓慢了，但低点可能依旧在向下移动。那么，回到 -280 线上运行的 CCI 指标就可能与之形成底背离，发出又一个反转信号。此时投资者的操作策略就与前面的两个底背离形态一样了，即激进型投资者借低买进，谨慎型投资者确定涨势后再买进。

下面来看一个具体的案例。

实例分析

吉贝尔（688566）CCI 指标跌破 -280 线应用

图 1-12 为吉贝尔 2022 年 2 月至 8 月的 K 线图。

从图 1-12 中可以看到，吉贝尔的股价在下降过程中的跌势是十分迅猛的。这也导致了 CCI 指标线在 3 月初就跌到了 -100 线之下，传递出了市场超卖的信号。

而随着 K 线收阴幅度的加大，CCI 指标线一路向下，甚至已经接触到了 -280 线。不过股价及时止跌，才没让 CCI 指标线彻底将其跌破，但即便如此，市场过度杀跌的信号也更为明显了。

该股在此之后形成了一次快速的反弹，不过没能突破30日均线就继续下跌了，初始跌速还比较快。受此影响，CCI指标线迅速下行，在跌破-100线后跌势不减，最终于4月上旬跌破了-280线，超跌信号明确。

此后的股价跌速有所减缓，但依旧没有反弹或转势的迹象，因此，投资者不能贸然买进，而是以场外观望为佳。

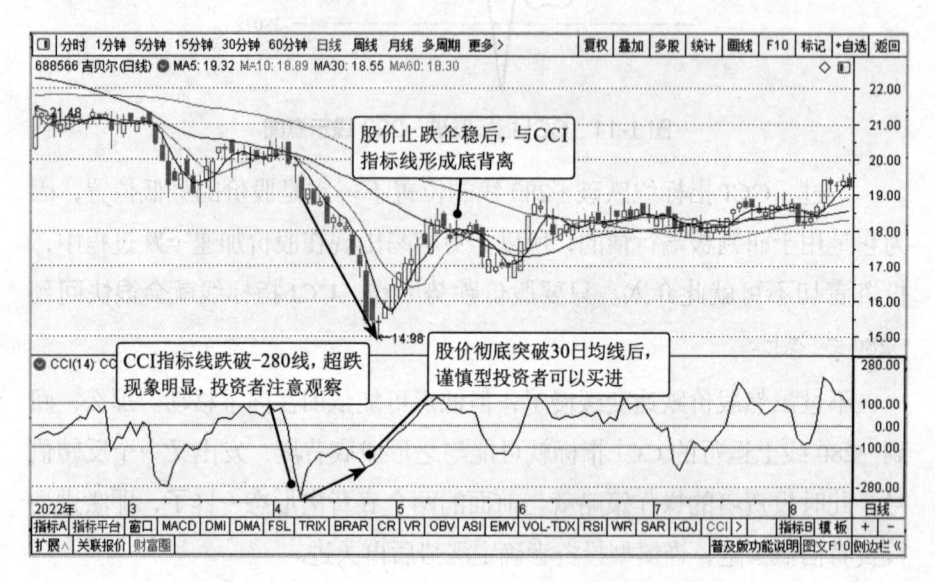

图 1-12 吉贝尔2022年2月至8月的K线图

继续来看后面的走势。一直到4月底，该股才在15.00元价位线附近止跌企稳。此时的CCI指标线已经回到了-280线之上，并随着股价的企稳形成一个低点，相较于前一个-280线以下的低点有明显的上移，与K线低点下移的走势形成了底背离形态。

根据理论推断，股价很可能即将面临行情反转或是强势反弹，激进型投资者已经可以在底背离形成之时借低买进了。

从后续的走势中也可以看到，该股在反转后形成了连续的收阳上涨，短期涨速相当快，K线在5月中旬就接触到30日均线了。

不过股价并没有在第一时间将其突破，而是沿着30日均线运行的轨迹回调整理了一段时间，落到17.00元价位线附近后止住跌势，然后继续强势上涨，成功突破到了30日均线之上，并将其带动扭转，明确了上涨趋势。此时，谨慎型投资者也可以买进了。

1.2 筑底阶段注意形态

筑底阶段就是股价经历一段时间的下跌后，在某一位置或某一价格区间内震荡整理的过程。在此期间，无论是K线还是各种技术指标，都有可能形成一些具有参考价值的筑底形态。若短线投资者能够利用好这些筑底形态，就有机会在反转到来之前抄底买进，大大降低持股成本。

1.2.1 K线反转形态参考

在股价筑底的过程中，K线反转形态是具有很高分析价值的。这些形态往往构筑时间偏短，两到三日就会形成，但只要形成位置合适，标准度足够，就能为投资者提供可靠的反转信号。

下面就选择实战中常见的两种K线反转形态——阳孕阴和早晨之星形态来进行解析。

（1）阳孕阴

先来看阳孕阴形态，它由两根K线构成，第一根为继续下跌的阴线，第二根则是反转上涨的阳线，阳线需要向前覆盖住整根阴线，包括上下影线，如图1-13所示。

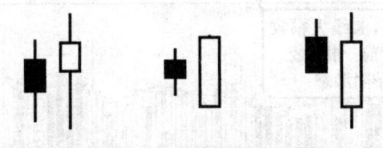

图1-13 阳孕阴示意图

若按标准来说，阳孕阴中的阳线需要依靠实体向前覆盖住阴线整体，这样上涨信号才更加强烈。不过在实战中，阳线只需要将阴线包覆在上下影线的范围内就可以了，投资者不必过于追求绝对标准。

很明显，阳孕阴的形态是股价止跌企稳后迅速回升向上造成的，阳线实体越长，相较于前日的涨幅越大，市场多方发力推涨的决心就越坚定，后市继续拉升的可能性越大。

当然，并不是所有情况下的阳孕阴都意味着股价上涨，若形态出现在下跌初期或是半山腰，代表的很有可能只是一波反弹，股价短期确实有上涨，但持续时间和幅度都不能保证，短线投资者买进的风险较大。

所以，使用反转形态低吸还是需要看时机的，若K线在上涨行情的回调底部，或者是下跌行情的末尾配合其他筑底形态形成阳孕阴，投资者低吸盈利的成功率就要高很多了。

下面来看具体案例。

实例分析

中矿资源（002738）阳孕阴应用

图1-14为中矿资源2022年3月至7月的K线图。

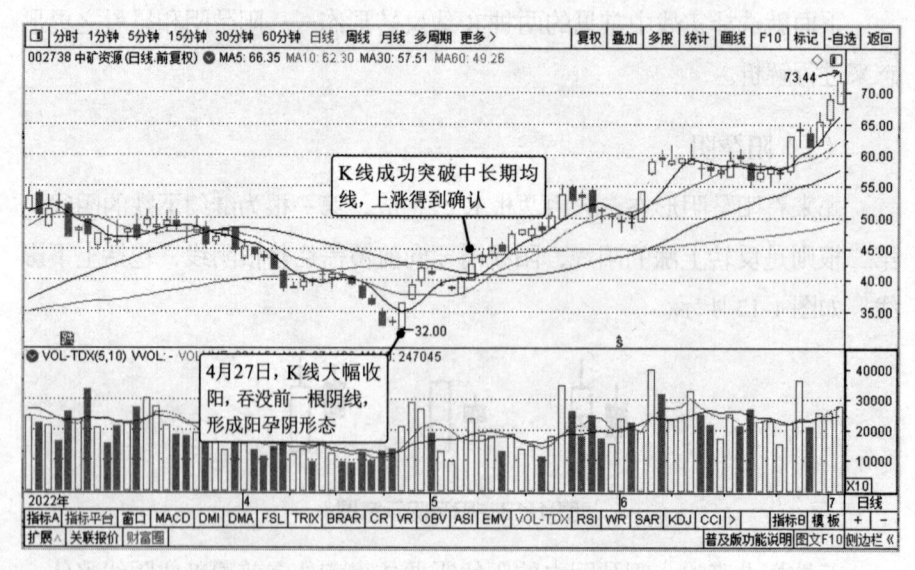

图1-14　中矿资源2022年3月至7月的K线图

根据中矿资源这段走势中的中长期均线表现，投资者可以很明显地推断出该股目前处于上涨行情之中。不过当股价回调到接连跌破30日均线和60日均线时，许多场内投资者都及时止盈或止损撤离了，以免股价彻底转入下跌导致被套。

这样的选择是十分明智的，毕竟在股价跌破30日均线和60日均线之后，都有过沿着均线轨迹运行试图回升，但最终失败的尝试，这看起来与行情转势十分类似。在无法准确预判后市走向的情况下，投资者还是应以场外观望为佳。

4月中旬之后，K线沿着60日均线上行突破失败后转而下跌，连续数日的收阴导致股价跌到了35.00元价位线以下，短期跌幅较大。

在4月27日的分时走势中，股价以低价开盘，围绕均价线横向震荡一段时间后，于10:35左右开始迅速上涨，连续突破了均价线和前日收盘价，一路震荡拉升到了接近涨停的位置。在下午时段开盘后不久更是彻底涨停，最终收出一根涨幅达到10.25%的大阳线。

从K线图中可以看到这根阳线单单靠实体就能向前覆盖住前一根阴线，形成的阳孕阴形态十分标准。再加上当日是以涨停收盘，该股后续的涨势可能会超乎投资者想象，激进型投资者可以立即跟随低吸买进。

从后续的走势也可以看到，该股在短短两日后就上涨接触到了30日均线，虽然没有第一时间突破，但经过短暂的整理后，K线还是通过连续收阳强势突破到了两条中长期均线之上，确定了上涨行情的延续。

到了此时，前期卖出观望的投资者就可以重新买进了，场外观望的谨慎型投资者也可以紧随其后建仓。

（2）早晨之星

早晨之星是由三根K线构成的反转形态，相较于阳孕阴来说更加可靠，同时也更加少见。

早晨之星的第一根K线为长实体阴线；第二根K线则不分阴阳，也不分实体大小，但实体要向下跳空；第三根K线为长实体阳线，同样也最好与前一根小 K 线的实体形成跳空，如图 1-15 所示。

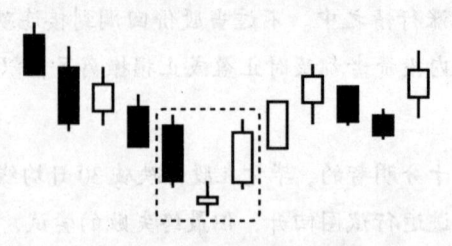

图 1-15　早晨之星示意图

早晨之星的"星"就体现在第二根小实体 K 线上，它是预示股价止跌回升的"启明星"，因此，具有关键研判作用。

标准的早晨之星，第二根 K 线需要是十字星线，并且股价近期最低价也需要在当日创出。当然，实战中投资者不一定非要等到标准早晨之星出现才低吸建仓，只要小实体 K 线的实体相较于前后两根 K 线有跳空（有时候只要与阴线形成跳空就可以），投资者就可以将其认定为反转信号。

与阳孕阴一样，早晨之星也需要形成于合适的位置才能发挥出应有的作用，常见的有上涨行情的回调低位、反弹的前夕及下跌行情的末尾。对于短线投资者来说，这些位置的早晨之星都可以视作低吸时机，只是反弹前夕的早晨之星不能保证后续涨势，投资者需要特别注意仓位管理。

下面就进入早晨之星的实例分析中。

实例分析

玲珑轮胎（601966）早晨之星应用

图 1-16 为玲珑轮胎 2022 年 9 月至 12 月的 K 线图。

在图 1-16 的 K 线走势中，玲珑轮胎反转的过程十分清晰，而在反转的关键位置，K 线就形成了早晨之星形态。

先来看前期走势，投资者仔细观察成交量与股价之间的关系就可以发现，在 9 月底到 10 月初及 10 月中旬这两段时间内，股价虽然在持续收阴下跌，但成交量柱却出现了分段次的拉高，二者形成了量增价跌的背离。

结合前期该股长期的下跌走势来看，主力很有可能已经开始在低位入手建仓了，投资者要注意观察。

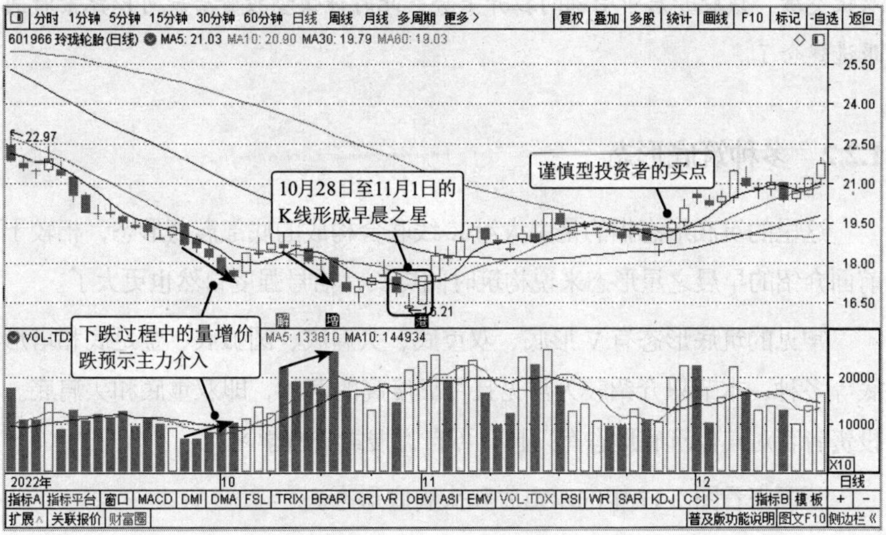

图1-16　玲珑轮胎2022年9月至12月的K线图

继续来看后面的走势。10月下旬，该股已经跌到了接近16.50元价位线的位置，在此小幅反弹后，10月28日，K线收阴继续向下，次日却收出了一根实体向下跳空的小阳线，并且由于其实体极小，已经十分接近十字星线了。

11月1日，K线高开后持续上扬，收出了一根长实体阳线，收盘价与10月28日阴线的开盘价十分接近，并且整根K线也与前一根小阳线的实体之间形成了跳空。

由此可见，这三根K线组合形成了比较标准的早晨之星形态，向投资者发出了筑底信号。而结合前面下跌期间的量增价跌走势，主力在此暂缓建仓开始拉升的可能性就比较大了，激进型投资者可以尝试着轻仓跟进，但谨慎型投资者还需要等待。

此后数个交易日内，股价不断上扬，在第三日成功突破到了30日均线之上，后续虽然在19.50元价位线处受到阻碍形成了一段时间的横盘，但其低点始终没有有效跌破30日均线，证明下方支撑力充足。

很显然，这里的支撑力来源大概率就是继续借低建仓的主力，以及已经跟风入场的激进型投资者了。进入 12 月后，19.50 元压力线和 60 日均线双双被突破，该股开启了明确的拉升走势，此时谨慎型投资者就可以抓紧时间跟进建仓了。

1.2.2 多种筑底形态

这里的筑底形态指的是由大量 K 线联合构成的底部震荡形态，相较于前面介绍的早晨之星形态来说构筑时间更长，信号强度自然也更大了。

常见的筑底形态有 V 形底、双重底、头肩底、圆弧底、金足底和塔形底等多种，本节只介绍较为常见且可靠度高的两种，即双重底和头肩底。投资者若对其他筑底形态有兴趣，可自行搜索资料学习。

下面来看图 1-17 中的双重底和头肩底形态。

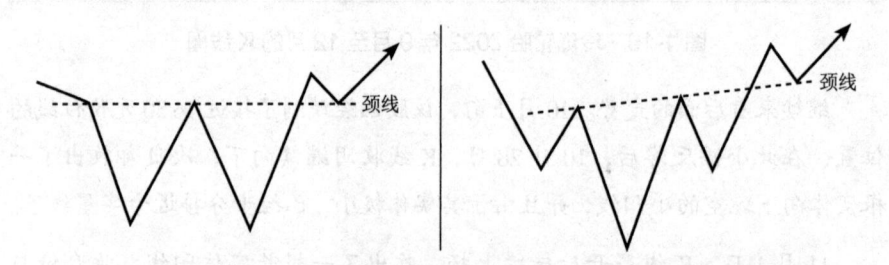

图 1-17　双重底（左）和头肩底（右）示意图

双重底，顾名思义就是带有两个明显波谷的筑底形态，且两个低点位置相近，形成的形态类似于字母"W"，因此，也常被称为 W 底。

而头肩底则是由三个波谷和两个波峰形成，其中左右两个波谷低点位置相近，中间的波谷则明显向下延伸，形成的形态仿佛一个倒置人的头部和双肩。

这两种形态在构筑细节上有所差异，但传递的信息却是相差无几，即多空双方在低位发生激烈竞争，导致股价多次上冲与下调，最终以多方胜利收尾，行情转入上涨之中，因此，对于投资者来说是很好的低吸信号。

需要注意的是，双重底和头肩底都存在颈线，这是判断形态是否成立、信号是否确定的依据。双重底的颈线是以形态中唯一一个波峰顶点为基准延伸而出的一条水平线；头肩底的颈线则由两个波峰顶点连接并延伸而成，并不一定是水平线，也可能是向上或向下倾斜的直线。

当股价自下而上突破各自形态的颈线，形态就宣告成立了，颈线被突破的位置通常也是一个谨慎型买点。那么，激进型投资者的买点在哪里呢？

激进型投资者的买点就存在于形态构筑的过程中。一般来说，K线的走势在构筑双重底和头肩底的过程中会十分有规律，尤其是当双重底的第二底或头肩底的右肩出现后，形态的雏形就比较明显了。这时预判到形态即将出现的激进型投资者就可以尝试着在更低的位置低吸了。

下面通过一个案例来观察双重底的构筑和使用。

实例分析

伯特利（603596）K线双重底应用

图1-18为伯特利2021年2月至8月的K线图。

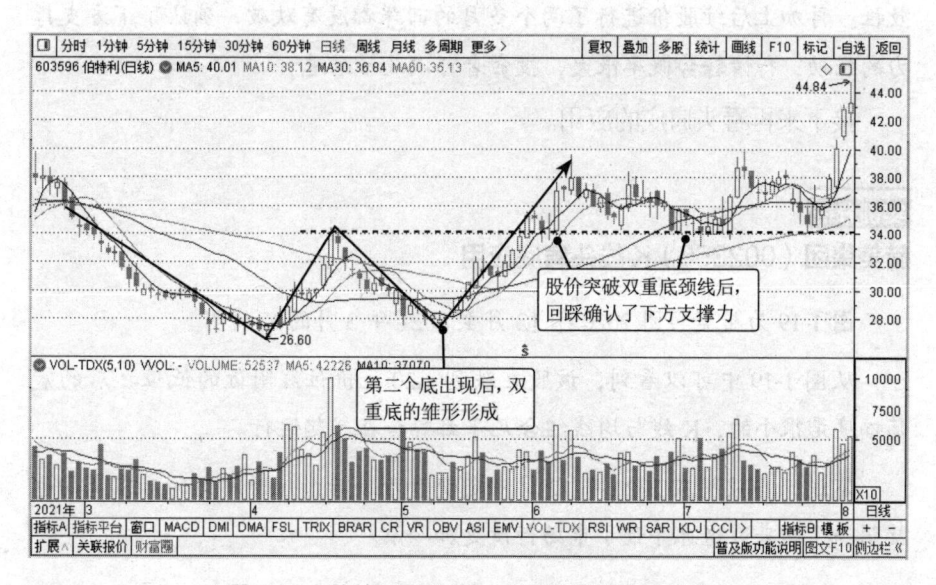

图1-18 伯特利2021年2月至8月的K线图

从伯特利的这段走势中可以看到，股价在2021年3月都处于持续下跌状态，期间几乎没有形成过有效的反弹，大部分的短线投资者都已经撤离到场外观望。

到了3月底，该股已经跌到了28.00元价位线附近，并围绕其形成了数日的横盘震荡。进入4月后，该股在26.60元的位置见底，随后迅速收阳回升，开启了一波强势反弹，吸引了大量短线投资者跟进。

此次反弹明显得到了市场的强力支撑，因为成交量有显著放大。不过，当价格向上接触到34.00元价位线后还是没能继续上冲，反而转势回落，以同样快的跌速落回到中长期均线之下。这时已经买进的投资者就应该及时反应过来，抛盘出局。

5月中旬，该股依旧在28.00元价位线附近止跌企稳，并有了类似于前期的回升迹象。仔细观察这两次相似程度很高的下跌与回升，敏锐的投资者可能已经发现双重底的雏形了，但介于颈线还未被突破，谨慎型投资者依旧不能轻举妄动，激进型投资者要买进也得轻仓。

5月中旬，股价开始快速上涨，经历一系列震荡后，于5月底成功突破了34.00元，也就是双重底颈线的压制，宣告了形态的成立和反转信号的有效性。再加上后续股价进行了两个多月的回踩都没有跌破，确认了下方支撑力的强劲，行情转势概率很大，投资者可以及早跟进。

接下来再看头肩底的应用。

实例分析
赫美集团（002356）K线头肩底应用

图1-19为赫美集团2020年12月至2021年3月的K线图。

从图1-19中可以看到，该股在跌到1.20元价位线附近的低位之后的震荡幅度是很小的，K线与均线组合几乎都黏合在一起运行。

不过，当该股在2020年12月中旬变盘下跌后，短时间内的后市走向也就明确了起来，这也导致了市场行情更加冷清。

12月下旬，股价落到1.00元价位线上后止跌企稳，随后形成了一波小幅反弹。不过该股此次没能突破中长期均线的压制，而是转而进入了更加深度的下跌，投资者依旧应以观望为主。

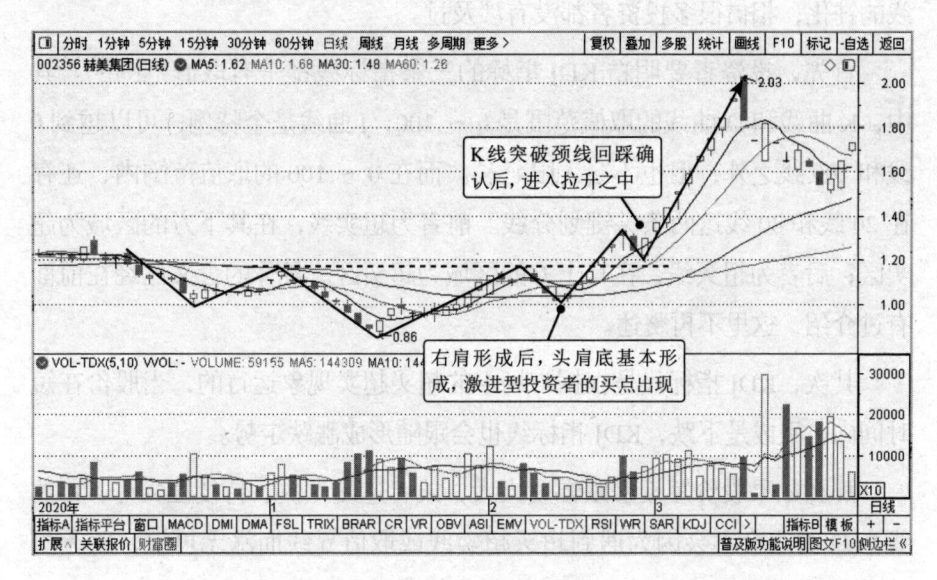

图中标注：
- K线突破颈线回踩确认后，进入拉升之中
- 右肩形成后，头肩底基本形成，激进型投资者的买点出现

图1-19　赫美集团2020年12月至2021年3月的K线图

继续来看后面的走势。股价跌至0.86元后迅速反转向上，在两个交易日后就回升到了1.00元价位线附近。2021年1月底，股价收阳向上突破了该价位线，随后向着前期高点进发。

股价在2月初来到了前期反弹受阻的位置，并在同样的位置形成了冲高回落走势，低点落在1.00元价位线上。此时，整个头肩底的形态已经十分明显了，而且还十分标准，不仅左右两肩的位置相近，就连两个不要求平行的波峰顶点也都处于1.20元价位线下方不远处，颈线几乎水平。

那么，激进型投资者在发现股价开始拉升向上冲击颈线时，就可以迅速借低跟进。到了2月下旬，K线成功突破颈线，宣告头肩底成立后，谨慎型投资者也可以建仓了。并且两类投资者都可以在后续股价回踩确认支撑力的低点位置再度加仓，增加获利筹码。

1.2.3 KDJ 指标的低位钝化

投资者已经在前面的内容中对 KDJ 指标有了简单的了解，但对于指标线的钝化，相信很多投资者都没有涉及过。

首先，投资者要明白 KDJ 指标的三条指标线都是有取值范围的。其中，K 曲线和 D 曲线的取值范围是 0～100，J 曲线是个特例，可以越到 0 线和 100 线之外，但也不会无限延长。而在 0～100 的取值范围内，还存在 20 线和 80 线这两条关键划分线。前者为超卖线，在其下方的区域为超卖区；后者为超买线，在其上方的区域为超买区。具体的含义已经在前面有过介绍，这里不再赘述。

其次，KDJ 指标线是根据市场中的超买超卖现象运行的，当股价在短时间内上涨或是下跌，KDJ 指标线也会跟随形成涨跌走势。

那么如果股价短期涨跌幅度太大，或者速度太快、持续性太好，K 曲线和 D 曲线会不会因为遇到超买超卖线或取值界线而涨无可涨，跌无可跌呢？

显然，这是很有可能的。当这种情况出现时，KDJ 指标的三条指标线就会在某一取值区间内反复横向震荡，形成类似于股价横盘整理的走势，并且频繁地发出买入或卖出信号，这就是指标的钝化。

不过，KDJ 指标的钝化也不全是因为涨跌受限，具体牵涉到了指标的设计原理和计算方式，解析起来十分复杂，普通投资者没有必要深入了解，只需要知晓如何利用 KDJ 指标的钝化操盘即可。

KDJ 指标在钝化期间是没法向投资者传递出清晰、可靠的买卖信号的，因此，不具有太多的操作意义。但这并不意味着投资者不能使用 KDJ 指标了，相反，若 KDJ 指标在特定的位置形成了钝化，很有可能达到意想不到的效果。

以本章的讲述重点——股价的下跌末期和筑底阶段为例，若 KDJ 指标在股价持续下跌的过程中形成了图 1-20 中展示的低位钝化（在超卖线附近或超卖区内形成的钝化），就很有可能意味着市场暂时已经到了跌无可跌的程度，后续可能会形成一波反弹或拉升，那么 KDJ 指标的低位钝化就是一种指标筑底形态。

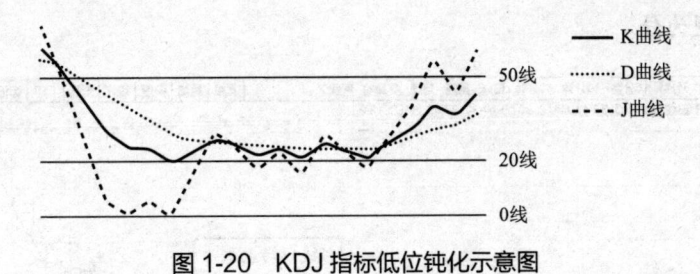

图 1-20 KDJ 指标低位钝化示意图

由此可见，短线投资者是可以利用 KDJ 指标在下跌行情中的低位钝化形态抢反弹或是抄底的。买进的关键在于 KDJ 指标低位钝化的结束时机，它往往与股价的反转上涨同时出现。

也就是说，当 KDJ 指标线脱离低位钝化开始向上发散，股价也就进入了反弹或转势之中，这时短线投资者就可以趁机跟进了。

下面利用一个案例来仔细观察。

实例分析
天际股份（002759）KDJ 指标低位钝化应用

图 1-21 为天际股份 2021 年 1 月至 6 月的 K 线图。

根据天际股份的这段走势来看，该股在前期还是处于上涨之中的，毕竟中长期均线在 2021 年 1 月为 K 线提供了一定的支撑，KDJ 指标也运行于 80 线附近，位置较高。

不过，当股价小幅越过 25.00 元价位线，但反复突破失败后，此次上涨也就到达了终点，股价开始收阴下跌，带动 KDJ 指标转而迅速下行。

1 月底，K 线收阴跌至 30 日均线附近后减缓了下跌速度，不过在横盘震荡数日后还是将其跌破，向着 60 日均线靠近。在此期间，KDJ 指标已经落到了 50 线以下，但随着股价的持续下跌，三条指标线开始在 20 线到 50 线的区间内横向小幅震荡，形成了一个钝化形态。

这种钝化算不上真正的低位钝化，因此，也不能很明显地预示反弹或反转的到来，只能证明股价跌势很稳定。短线投资者此时就不要急于买进，而是以观望为佳。

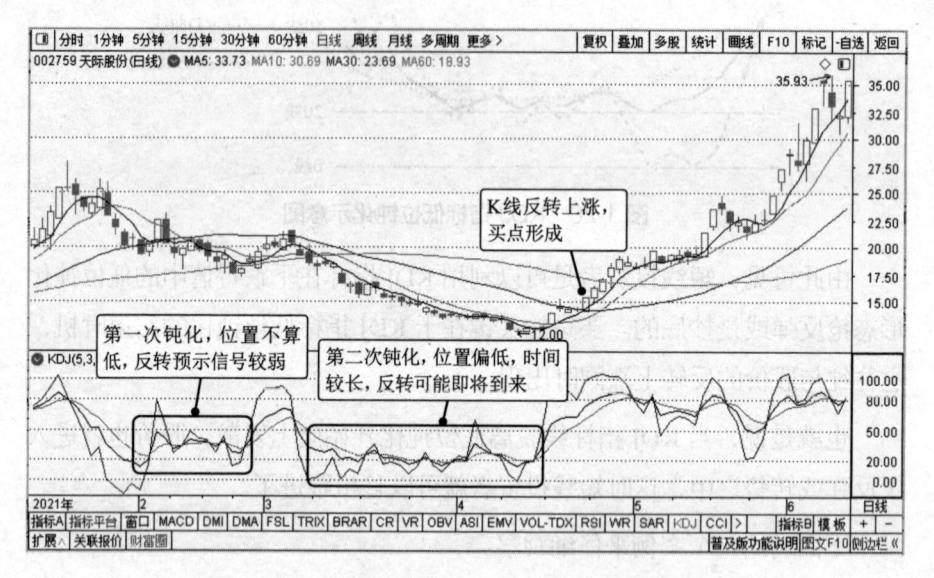

图 1-21　天际股份 2021 年 1 月至 6 月的 K 线图

继续来看后面的走势。数日之后，股价落到了 60 日均线附近，并在其支撑下形成了反弹走势。而当 K 线收阳回升时，KDJ 指标也立即转势向上，脱离了钝化状态，发出买进信号。

不过这时候投资者也不要立即跟进，一是因为前期反转信号可靠度不高，二是在几个交易日后，股价便在 30 日均线上受阻回落了，短线投资者即便抢反弹买进，获得的收益也不理想，还可能因为后续快速的下跌而被套。当然，若有的投资者没有预判到 30 日均线的压制力而误入场内，及时撤离便可。

进入 3 月后，股价就回归到了持续的下跌之中，并且跌势十分稳定。这也导致了 KDJ 指标转而下行，落到 20 线附近，并跟随 K 线的下跌而形成横向小幅震荡，即低位钝化形态。

这一个低位钝化就比较标准了，那么其预示的筑底反转信号也更加强烈。尽管此时股价还未出现明显转势迹象，投资者也可给予高度关注。

4月中旬，该股终于在12.00元价位线上触底，随后开始连续收阳上涨。与此同时，KDJ指标迅速拐头向上，脱离了低位钝化区域，指标线上行角度极大，预示着变盘已经到来。那么此时，激进型投资者就可以低吸了。

从后续的走势中也可以看到，该股在突破30日均线之后的拉升速度明显加快，几乎已经可以肯定上涨行情的到来。随着KDJ指标的不断攀升，谨慎型投资者也可以参与其中。

1.2.4　MACD指标柱状线变化

在有关下跌趋势终结的部分，虽然简单介绍了MACD指标线的背离应用，但没有提到过MACD指标的柱状线。其实，MACD柱状线就是依附于指标零轴存在的一种指示线，它会根据DIF与DEA之间的位置关系而变动。

当DIF位于DEA上方，MACD柱状线就会处于零轴上方并呈红色，DIF与DEA的距离越远，MACD红柱越长；当DIF位于DEA下方，MACD柱状线就会处于零轴下方并呈绿色，DIF与DEA的距离越远，MACD绿柱越长。

正是由于这种特性，MACD柱状线也有一些特殊筑底形态，即MACD绿柱的抽脚和MACD柱状线绿转红，如图1-22所示。

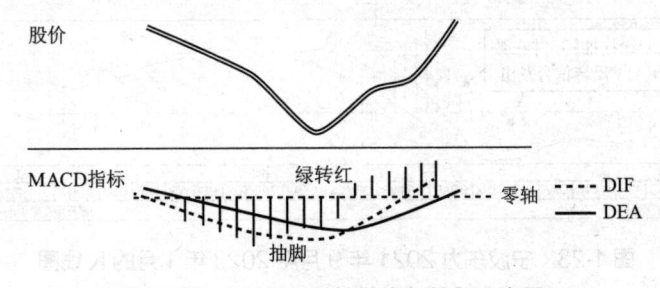

图1-22　MACD绿柱抽脚与转红示意图

MACD 绿柱抽脚指的是在 DIF 向上靠近 DEA 时，MACD 绿柱缩短的形态。别看形态很简单，其中包含的信息量还是很大的。

首先，MACD 柱状线是绿色的，就意味着 DIF 位于 DEA 下方，同时也说明股价在前段时间经历过下跌，这才导致快线 DIF 跌破慢线 DEA。

其次，DIF 向上靠近 DEA，说明股价跌势可能有所减缓，或者进入了横盘震荡，总之是市场有所回暖的迹象。

不过，单靠 MACD 绿柱抽脚形态不能说明什么。若 MACD 绿柱在抽脚之后不久转红了，股价转入上涨的可能性就会更高，短线投资者完全可以利用这种变化，结合 K 线走势分析出合适的低吸点。

下面直接通过案例来解析。

实例分析

宁波东力（002164）MACD 绿柱抽脚与转红应用

图 1-23 为宁波东力 2021 年 9 月至 2022 年 1 月的 K 线图。

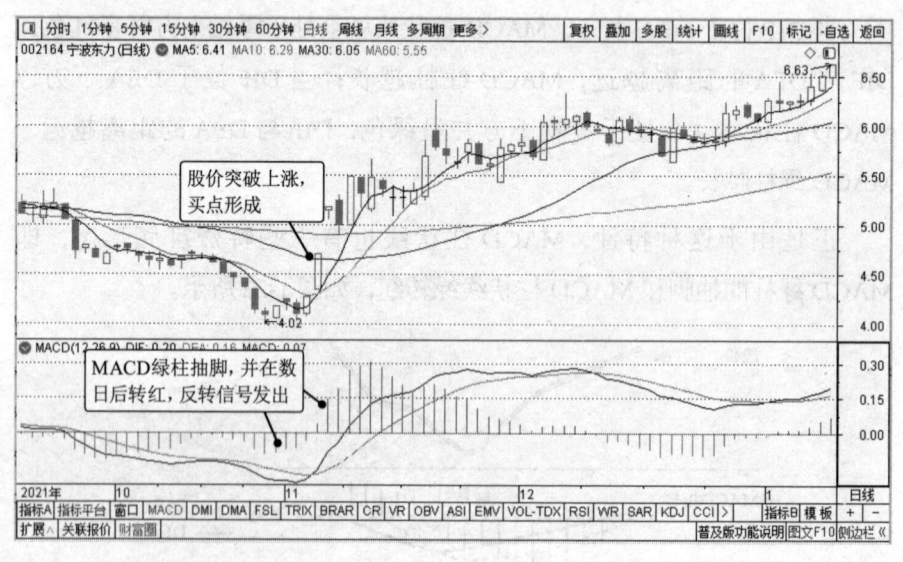

图 1-23 宁波东力 2021 年 9 月至 2022 年 1 月的 K 线图

来看宁波东力的涨跌趋势变化的过程，从图 1-23 中可以发现，该股在

2021 年 9 月下旬之前长期位于 5.00 元价位线上方横盘震荡，导致均线组合全都黏合在一起，短期变盘方向不明。

9 月下旬的一次大幅收阴宣告了横盘结束，股价开始转入下跌。此时来观察 MACD 指标，可以发现 DIF 早已落到了 DEA 之下，并与之一同向下跌破零轴，来到了空头市场之中。

除此之外，MACD 绿柱也随着两条指标线的下行而不断拉长，指标整体呈现出了比较消极的走势，这时的投资者还是需要留外观望。

几个交易日后，股价落到 4.50 元价位线上方，在逐步减缓下跌走势后有了横盘整理的迹象。这时的 MACD 指标线也出现了走平，使得 MACD 绿柱小幅抽脚。但结合 K 线走势来看，这只是跌势暂缓的预示，并不能就此催动投资者入场。

10 月下旬，股价横盘结束后再度连续收阴下跌，很快就跌到了 4.00 元价位线附近。短期内较快的跌速使得 DIF 再次向下远离 DEA，MACD 绿柱跟随拉长。

就在股价受到支撑止跌企稳之后，DIF 开始明显走平，与依旧下行的 DEA 靠近了不少，导致 MACD 绿柱明显抽脚，形成了与前期横盘期间十分类似的走势。

不过与前期不同的是，这时的股价低点有了明显下移，但 MACD 绿柱的低点却出现了一定幅度的上移，二者形成了另一种 MACD 指标的底背离。

显然，这是一种预示反转的形态，尽管信号强度没有指标线底背离强，但依旧能与 MACD 绿柱抽脚形态结合释放出相对可靠的信号。因此，激进型投资者还是可以尝试着轻仓买进。

数日之后，MACD 绿柱抽脚的形态越发明显，随着绿柱越缩越短，MACD 柱状线转红的概率也在逐日增加。进入 11 月后不久，K 线收出一根向上跳空的大阳线开启拉升后，MACD 绿柱彻底转红，发出了明确的看涨信号，预示着上涨的到来。

再加上该股次日继续大幅高开收阳，成功突破到 60 日均线上的走势，未来的上涨行情基本确定，谨慎型投资者完全可以迅速跟进。

1.2.5　CCI 指标线特殊形态

投资者应该知道，CCI 指标也属于超买超卖指标，因此，也拥有超买超卖线，即 100 线和 −100 线。在此基础上，CCI 指标线就可能跟随股价的顶底震荡而在超买超卖线外或附近形成对应的顶底形态。

CCI 指标的筑底形态与 K 线的比较类似，有 V 形底、双重底、三重底和头肩底等类型，不过构筑时间就没有 K 线那么长了，毕竟指标线的运行速度还是很快的。

本节以 CCI 指标线的双重底与头肩底为例，为投资者讲解 CCI 指标的筑底形态应用，如图 1-24 所示。

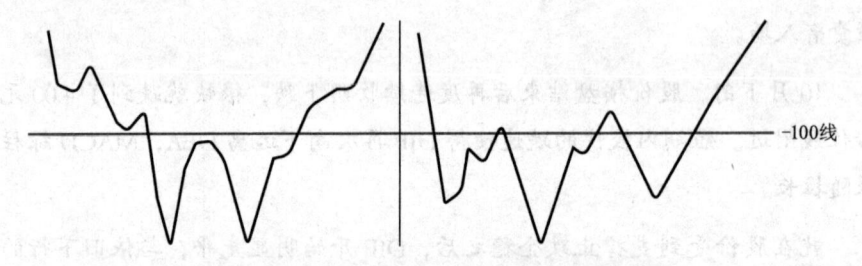

图 1-24　CCI 指标线双重底和头肩底示意图

从图 1-24 中可以看到，CCI 指标线的双重底和头肩底一般都是以 −100 线为颈线的，即便波峰顶点没有完全落在 −100 线上，也应当在其附近，否则 CCI 指标的筑底形态就没有那么可靠了。

根据超买超卖指标的特性及 CCI 指标独有的取值意义判定，当 CCI 指标线在 −100 线之下形成规律性的筑底形态时，其包含的意义大概率就是股价即将止跌反转，进入强势反弹或行情反转之中。

不过，由于股价不一定在 CCI 指标线筑底后立即上涨（因为 CCI 指标线大幅下行形成波谷是需要股价持续下跌带动的），因此，形态成立的位置只是一个激进型投资者的买点，谨慎型投资者需要继续等待，一直到股价上涨趋势稳定后再介入。

下面先来看 CCI 指标线头肩底形态的使用。

实例分析

毅昌科技（002420）CCI 指标线头肩底应用

图 1-25 为毅昌科技 2022 年 8 月至 12 月的 K 线图。

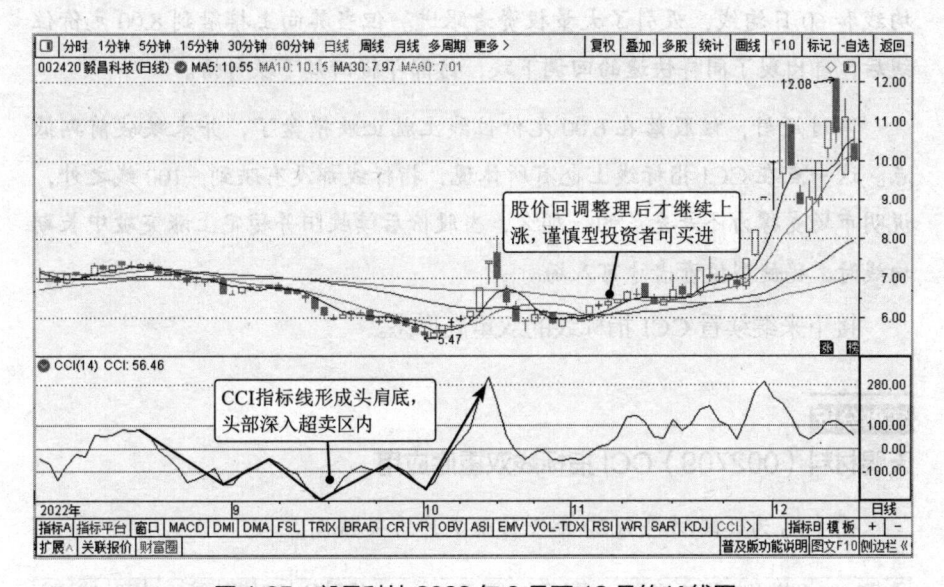

图 1-25 毅昌科技 2022 年 8 月至 12 月的 K 线图

观察毅昌科技这段走势中的 K 线和 CCI 指标线，可以发现不仅股价在下跌后期一直处于均线组合的压制之下，CCI 指标线也跟随落到了 -100 线之下的超卖区内，弱势走势明显，场内的短线投资者注意撤离。

8 月底，CCI 指标线在股价的一次下跌、反弹的带动下于 -100 线下方不远处反转向上，形成了一个低点。随着股价小幅反弹的进行，CCI 指标线也逐渐回升到了 -100 线之上。反弹结束后，CCI 指标线再度转折向下，在 -100 线上方不远处形成了一个波峰。

在后续的走势中，K 线反复震荡，但整体依旧下行。CCI 指标线虽也在跟随其不断震荡，但低点却在一次深入超卖区后出现上移，来到了与 8 月底的低点相近的位置。

这样的走势不仅构筑出了 CCI 指标头肩底的雏形，还同时与低点下移的 K 线形成了一个底背离。指标的筑底形态与反转预示形态同步出现，已经是比较强烈的看多信号了。那么趁着 CCI 指标线上行突破 -100 线，K 线也开始收阳上涨，激进型投资者就可以买进了。

该股在第一次拉升过程中的涨速非常快，短短数日内就接连突破了 30 日均线和 60 日均线，吸引了大量投资者跟进。但当其向上接触到 8.00 元价位线后，却出现了同样快速的回调下跌，仿佛即将回归下跌行情。

不过还好，该股落在 6.00 元价位线上就止跌横盘了，并未跌破前期低点。这一点在 CCI 指标线上也有所体现，指标线都没有跌到 -100 线之外，说明市场支撑力还是充足的。那么，当股价后续收阳并稳定上涨突破中长期均线时，稳健型投资者才可入场。

接下来继续看 CCI 指标线的双重底形态。

实例分析

天赐材料（002709）CCI 指标线双重底应用

图 1-26 为天赐材料 2022 年 3 月至 7 月的 K 线图。

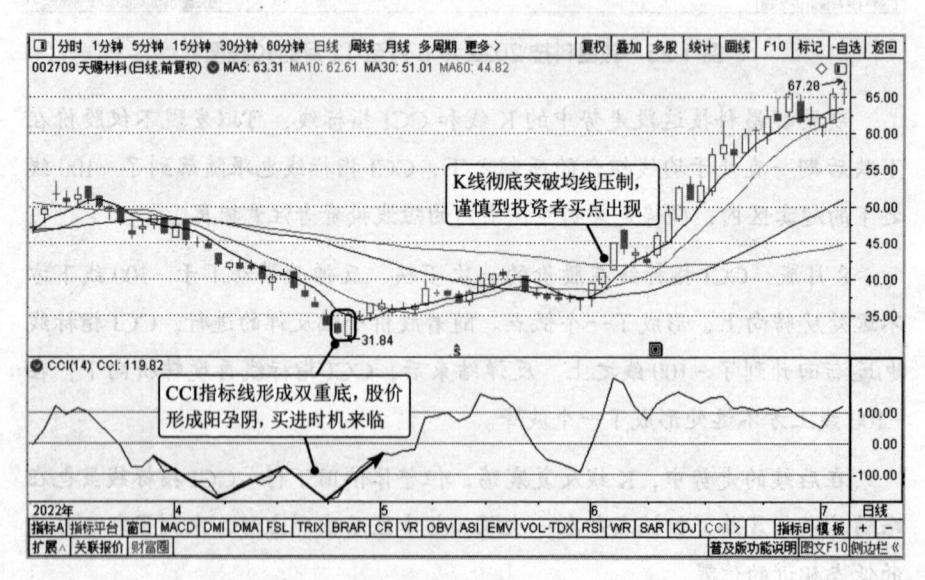

图 1-26　天赐材料 2022 年 3 月至 7 月的 K 线图

从图 1-26 中可以看到，天赐材料的股价于 2022 年 3 月中旬结束反弹后继续下跌，当其彻底跌破均线组合的支撑时，CCI指标线也跟随跌到了-100线之下，超卖信号发出。在后续的半个多月时间内，该股的跌势都比较稳定，期间只是短暂收出了几根小阳线。但即便是如此微小的上涨，也导致了CCI指标线的回升。4月中旬，CCI指标线小幅突破到了-100线之上，不过很快就随着股价的持续下跌而转向下方了。

4月下旬，该股在35.00元价位线上止跌后立即收阳回升，在创出新低的当日就收出了一根长实体阳线，还向前完全吞没了一根阴线，形成了阳孕阴的反转形态。

除此之外，CCI指标线也在与前期低点相近的位置止跌扭转，构筑出了双重底的基础形态。并且CCI指标线低点走平的走势还与低点下移的K线之间形成了底背离。多重形态与信号共同形成、释放，股价上涨的可能性不断增大，投资者要注意抓住时机介入了。

等到该股进入上涨走势后，CCI指标线开始持续上扬，最终于5月中旬突破到了100线之上的超买区内。此后不久该股就形成了一次回调整理，低点落在了30日均线上，横盘数日后继续大幅拉升，直冲60日均线并强势突破，CCI指标线也再次来到了100线上，谨慎型投资者的买点出现了。

1.3 上升开启确定转势

在经历了下跌末期的反转预示及下跌底部的筑底震荡后，股价即将转入稳步上涨的走势之中。那么在上升开启之后，市场中又存在哪些可供短线投资者参考并借机低吸建仓的形态或信号呢？下面来逐一进行介绍。

1.3.1 K线组合持续上升

当股价转入上涨走势后，K线可能在上涨过程中形成一些具有参考价值的看涨形态，最常见的就是各种连续收阳的形态，比如前进三兵、低位五连阳、芝麻开花等。图 1-27 展示的就是低位五连阳和芝麻开花的形态。

低位五连阳

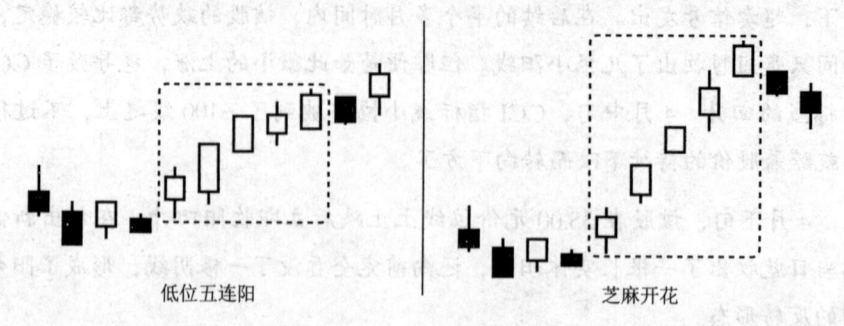

芝麻开花

图 1-27 低位五连阳（左）和芝麻开花（右）示意图

从图 1-27 中可以看到，这两个形态都是由多根阳线构成的。其中，低位五连阳指的是在相对低位形成的连续五根阳线，至于其涨幅大不大、阳线实体或影线长度如何、实体是否跳空等问题都不需要考虑，只要是五根连续的、有实体阳线就可以。而芝麻开花则不同，它对阳线的数量没有要求，但需要每根阳线的实体之间形成跳空，整体仿佛芝麻开花一样一节节向上攀升。

这两种形态的预示意义都是近期看涨，但信号强度却有明显不同。低位五连阳往往是拉升开启的标志，构成形态的阳线实体越长，单日涨幅越大，拉升的信号也就越强烈；但如果形态是由五根近乎横盘，或是实体较小的小阳线构成的，股价的积极上涨就可能还要等待一段时间。

而芝麻开花的信号就要强很多，它的出现往往不是后市看涨的预示，而是意味着市场已经进入了主升期，形态的主体部分就是短线投资者需要抓住的上升收益。当芝麻开花结束后，股价反而可能因为获利盘的大量抛售而减缓上涨走势，甚至进入回调整理中。

因此，投资者遇到不同的 K 线看涨组合形态时，采用的应对策略也要有所区别。

下面就直接进入案例，来看一下这两个形态的具体使用方法。

实例分析

鸿博股份（002229）低位五连阳与芝麻开花解析

图1-28为鸿博股份2022年12月至2023年3月的K线图。

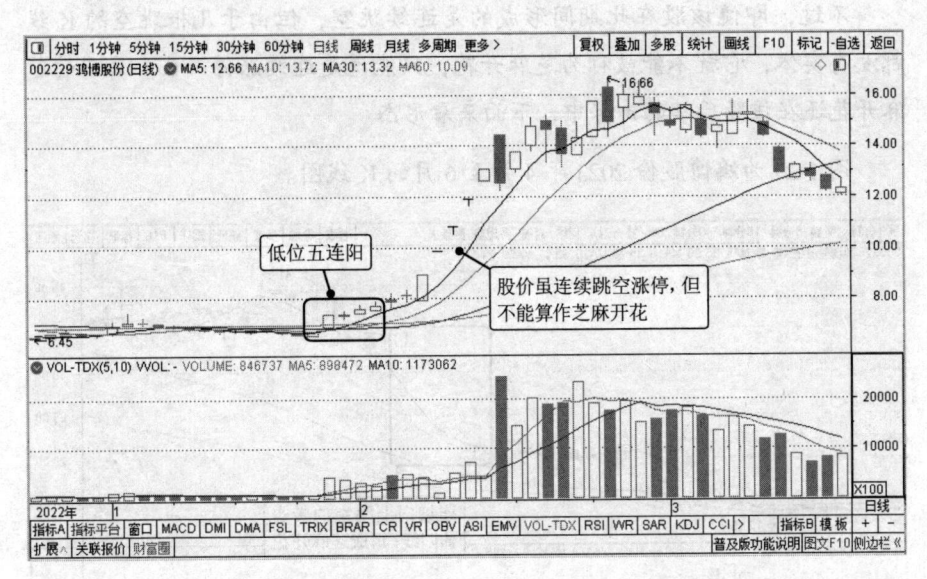

图1-28　鸿博股份2022年12月至2023年3月的K线图

在鸿博股份前期的走势中，K线几乎是沿着7.00元价位线在横向窄幅震荡，波动幅度极小，因此，也没有太多能够让短线投资者参与盈利的机会。

2023年1月下旬，该股落到中长期均线之下止跌企稳，随后便开始了连续的收阳，两个交易日后就突破到了均线组合之上。但后续该股的涨速出现了明显减缓，K线小幅收阳缓慢攀升，最终来到了8.00元价位线附近，形成了低位五连阳的形态。

很显然，这个低位五连阳属于预买信号并不算强的那种，但对比前期的窄幅横盘震荡与目前均线组合向上转向并发散的走势来看，该股从此转向上涨的可能性还是比较大的，投资者可以尝试着在此低吸建仓。

从后续的走势可以看到，该股在低位五连阳形成后继续在8.00元价位线下方横盘了两个交易日。但在第三个交易日，K线就收出了一根长实体阳线，彻底将压力线突破，确定了上涨趋势的来临。

后续股价更是接连涨停，短短数日内就向上接触到了 14.00 元价位线，相较于前期 7.00 元左右的低位已经实现了翻倍，为短线投资者带来的收益更是十分可观。

不过，即便该股在此期间形成的是连续跳空，但由于几根跳空的 K 线都没有实体，它就不能被称为芝麻开花，只能说是连续涨停而已。真正的芝麻开花还在该股后续的走势中，下面来看形态。

图 1-29 为鸿博股份 2023 年 4 月至 6 月的 K 线图。

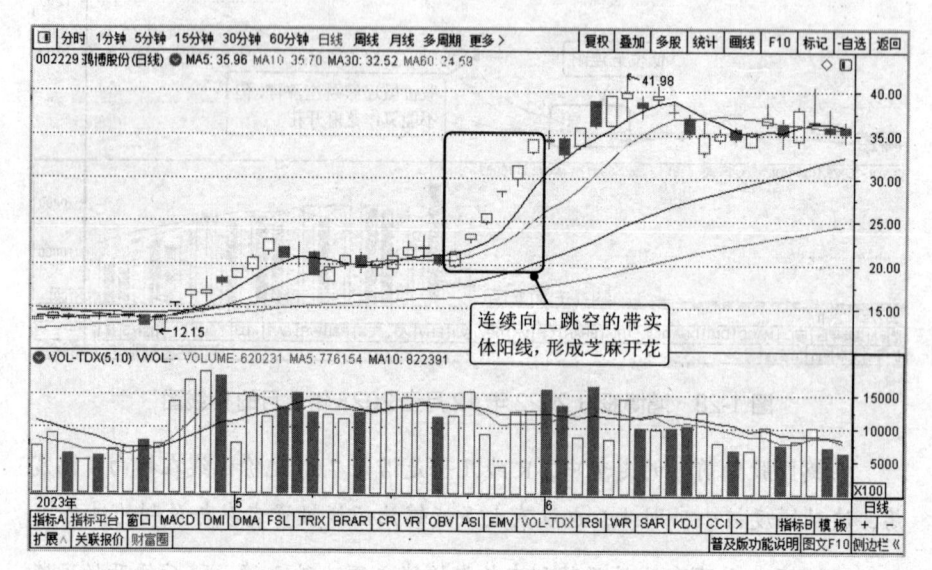

图 1-29　鸿博股份 2023 年 4 月至 6 月的 K 线图

从图 1-19 中可以看到，鸿博股份在 2023 年 4 月下旬，经过回调来到了 12.00 元价位线上方，在创出 12.15 元的阶段新低后开始继续上涨。

5 月初，股价涨至 22.50 元价位线附近后受阻，形成了一段时间的回调。此次回调是沿着 20.00 元价位线横向进行的，持续时间有半个月左右。

5 月下旬，该股再次连续收阳上涨，并且每根阳线之间都形成了跳空缺口。在连续两个向上缺口出现后，芝麻开花的形态就得到了确定。那么此时投资者就要迅速跟进建仓，抓住后续涨幅。

从 K 线图中还可以看到，此次股价的连续跳空持续了五个交易日，一直上涨到 35.00 元价位线处才停滞下来。并且在短暂整理后，股价依旧沿着 5 日均线的上升轨迹向上攀升，可见此次该股冲高的强势。短线投资者若能及时借助芝麻开花买进，这一波短期收益将有可能实现翻倍。

1.3.2 量价变化确定趋势

成交量能够在下跌趋势中通过量增价跌的异动预示反转，那么也能够在上涨到来之后进一步确定涨势。一般来说，在上涨初期形成的量平价涨和量增价涨两种形态是最具有助涨价值的，如图 1-30 所示。

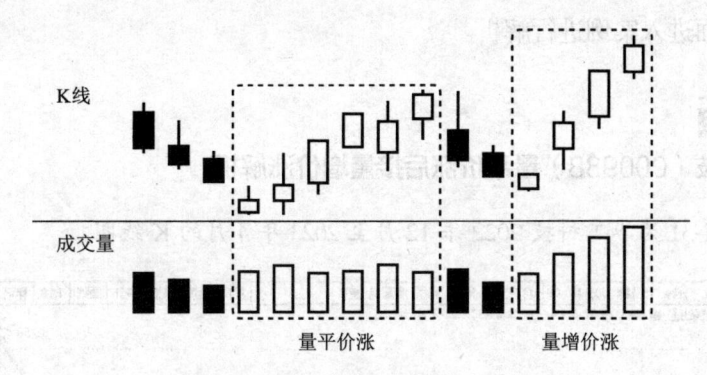

图 1-30 量平价涨和量增价涨示意图

这两种量价形态从字面上就能看出其含义。出现在上涨初期的量增价涨很好理解，就是市场积极追涨、主力发力推动的表现，投资者借此买进是没有太大问题的。但量平价涨意味着什么呢？

量能走平意味着市场中相较于前期并没有增加多少成交单，但股价却在上涨，又说明确实有资金入场推涨，二者呈现的是一种异常的背离状态。其实，这样的异常状态大概率与主力有关。

首先，投资者要知道，很多主力在股价开始上涨之前就已经在低吸建仓了，等到股价筑底企稳后，主力手中持有的筹码可能已经达到了很高的比例。其次，股价连续下跌到低位后，市场内的交易本来就很冷清，挂单量也相对较少，而委卖单又会占据多数。

那么在这种情况下，主力只要适当挂出一些买单收走这一部分筹码，再适当加价推涨，就能用很少的量能带动股价出现明显的上涨变化，由此形成了量平价涨的走势。

但这种变化不能维持太长时间，因为市场会及时反应过来。一旦追涨盘持续增长，主力又不打算放弃推高，量价之间的关系就可能会演变为量增价涨，也就是进入了稳定上升期。

所以，如果投资者在上涨初期发现了量平价涨向量增价涨的转变，就要给予特别关注，进而在合适的位置分批建仓入场。

下面进入案例进行解析。

实例分析

华工科技（000988）量平价涨后接量增价涨解析

图1-31为华工科技2022年12月至2023年4月的K线图。

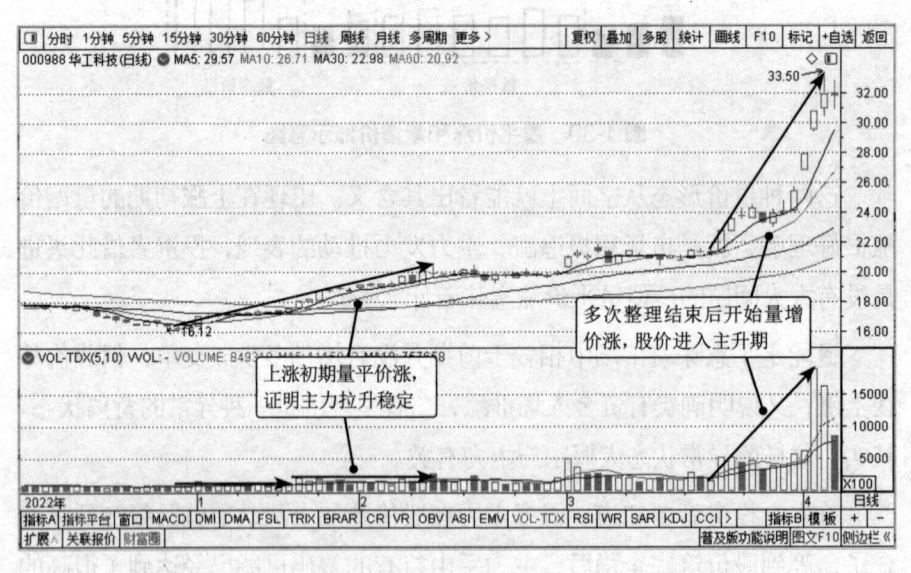

图1-31　华工科技2022年12月至2023年4月的K线图

从华工科技的这段涨跌走势变化可以发现，转折的关键点在2022年12月底，该股在16.12元处见底后开始逐步向上攀升，一步步向上突破了

30日均线和60日均线的压制，来到了18.00元价位线上方。

在此期间，成交量几乎没有产生太大的缩放变化，与持续上涨的股价形成了量平价涨的背离，意味着主力在稳步拉涨，投资者可跟随追进。

在后续股价突破压力线持续上涨的过程中，成交量也只是上了一个小台阶，随后依旧长期走平，量平价涨的背离还是存在。这就说明市场虽有一定的看多盘跟进，但主力还没有开始正式发力拉涨，注资速度恒定，所以，量能水平也没有太大提升。

在后续的一段时间内，股价多次围绕某些价位线横盘整理，整体涨速被压制得很慢，成交量依旧不温不火。但到了2023年3月下旬，K线突然多次收出大阳线，短期涨速明显加快，成交量也有了一定的放大，开始为快速的涨势提供支撑，量增价涨的变换初显端倪。

到了3月底和4月初，量能明显放大，推动股价也出现了芝麻开花式的拉升，短短数日的涨幅就达到了前期数月的水平，说明行情进入了主升期。一直在观察量价关系的投资者此时就可以再次加仓买进，抓住短期收益。

1.3.3 MACD指标波动上行

MACD指标的波动上行不仅指指标线，也指柱状线。当股价在上涨过程中经历回调后继续拉升的走势时，MACD指标线可能会跟随形成波浪式的上涨，导致柱状线也在不断缩放。

如果股价上涨的规律性较强，MACD指标就有可能形成一些特殊形态，比如黑马飙升和上移双重峰，如图1-32所示。

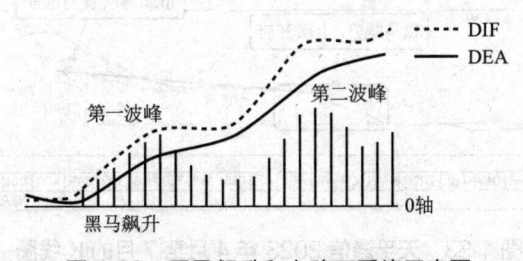

图1-32 黑马飙升和上移双重峰示意图

黑马飙升指的是 MACD 指标线从零轴附近转势向上，DIF 在 MACD 红柱的支撑下飙升上行的走势。这时股价大概率在积极上涨，那么短线投资者也是可以抓紧买进的。

而上移双重峰是指 MACD 红柱两次缩放后，第二个波峰高于第一个波峰的形态。要形成这种走势，股价需要连续两次拉涨，并且期间还要通过一个幅度不大的回调来衔接，才能让 DIF 小幅向下靠近 DEA，但又不至于跌破。

在很多时候，黑马飙升和上移双重峰是会在同一段时间内出现的，这种情况下的看多信号也是最强烈的，短线投资者可以借此分段操作，或者在回调过程中再次追加。

下面来看具体案例。

实例分析

天孚通信（300394）MACD 指标波动上行解析

图 1-33 为天孚通信 2023 年 4 月至 7 月的 K 线图。

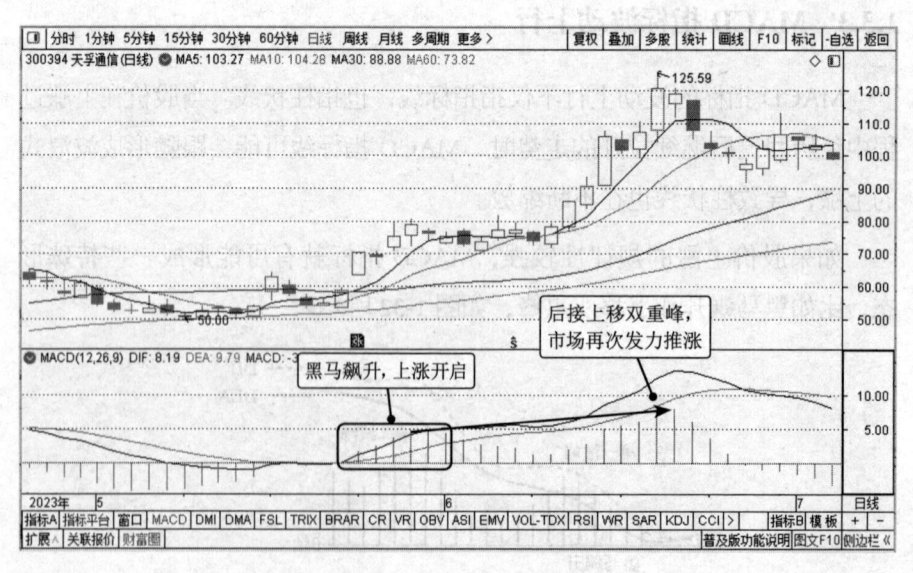

图 1-33 天孚通信 2023 年 4 月至 7 月的 K 线图

根据天孚通信这段走势的中长期均线表现，投资者可以判断出该股当前处于一段比较稳定的上涨行情之中，只是在 2023 年 4 月下旬到 5 月上旬经历了一次回调整理。

不过，即便此次回调的下跌幅度相较于该股整体涨势来看并不大，但对于短线投资者来说依旧是需要避开的，因此，这里不建议投资者继续持有。

5 月上旬，股价跌至 60 日均线附近后开始缓慢向上攀升，MACD 指标中的 DIF 逐渐向上靠近 DEA，MACD 绿柱明显抽脚，后续还有转红的趋势，投资者要注意观察了。

5 月中旬，该股突兀收阳上冲，但两个交易日后就快速回落，依旧处于 30 日均线的压制之下，说明市场还没准备好大力拉升。此时的 MACD 指标线也只是向上接触到了零轴，DIF 与 DEA 几乎重合到一起，指标暂时失去了指导意义，投资者应暂时观望。

5 月下旬，K 线连续收阳上涨，再次突破到了 30 日均线之上，并且还同步突破了 60.00 元价位线的压制。此时的 MACD 指标也受其带动转折向上，MACD 红柱支撑着 DIF 向上攀升，形成了黑马飙升形态。结合当前股价的积极上涨来看，该股可能已经回归了上涨之中，投资者可以迅速跟进了。

数日之后，该股在 80.00 元价位线上受阻后小幅回落，低点落在了 70.00 元价位线附近，随后开始横向震荡整理。在此期间，MACD 指标中的 DIF 减缓了上扬角度，因此，也与仍旧上行的 DEA 靠得更近了，这使得 MACD 红柱有所缩减。

6 月上旬，股价整理完毕继续上涨，拉升速度相较于前期更快了。DIF 和 DEA 也跟随出现了仰头上行，MACD 红柱更是再次拉长，并很快超越了前期波峰顶点，形成了上移双重峰的形态。结合股价的积极走势来看，短期涨幅可能十分可观，投资者可以抓住时机再次建仓买进。

1.3.4 布林通道的开口

布林通道的开口是布林指标的一种特殊走势形态，要学习这种形态的基本用法，投资者首先需要了解布林指标。

布林指标是一种趋势性指标，主要用于分析和预判股价的未来走势。它由三条指标线构成，即布林上、中、下轨线。其中，布林中轨线就是一条20日均线，负责判断股价变盘方向和当前多空力度对比情况；布林上、下轨线则分别位于K线上、下方，负责将K线的波动限制在一定的范围内，看起来就像是一条股价通道，所以得名布林通道。

布林通道会根据K线的震荡而灵活缩放，当股价短期变化幅度增大时，布林通道就会向两边张开，以期包裹住所有K线；当股价趋于横盘或窄幅震荡时，布林通道就会向中间收缩，挤压在K线附近。

而布林通道向上的开口就是指股价短期快速上涨时，布林通道为适应K线震荡幅度的变化而形成的开口形态，并且布林中轨线也会向上转折，如图1-34所示。

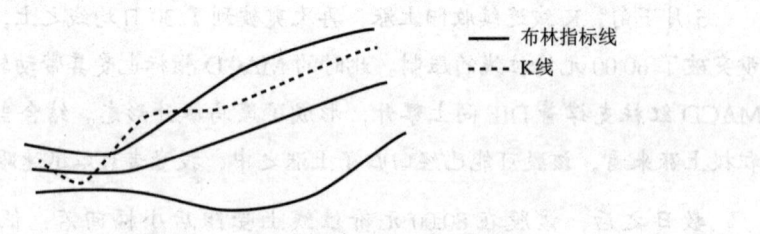

图1-34 布林通道向上开口示意图

由此可见，当布林通道向上开口时，往往意味着股价进入了拉涨之中。若K线后续还能稳定在布林上通道（布林中轨线与布林上轨线之间）内运行，上涨行情就能得到进一步确定，投资者买进也会更加放心。

下面来看案例解析。

实例分析

汤姆猫（300459）布林通道的开口解析

图1-35为汤姆猫2022年12月至2023年3月的K线图。

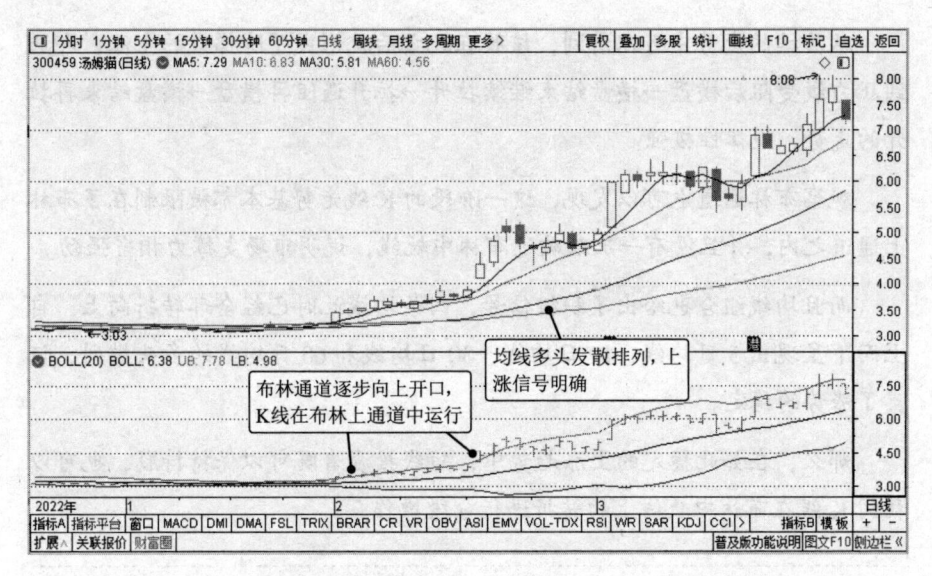

图1-35 汤姆猫2022年12月至2023年3月的K线图

从汤姆猫的股价走势可以看到，在2023年2月之前该股长期在3.00元到3.50元的价格区间内横向震荡，K线波动幅度极小，导致布林通道紧缩在一起，均线组合也处于黏合状态，变盘方向暂时不明。

但在进入2月后，该股立即有了变化，K线先是收出了一根实体相对较长的阳线，将价格带到了均线组合之上，随后又连续向上攀升，形成了低位五连阳的形态，预示拉升即将到来。

此时的布林通道也有了相应的转变，在低位五连阳构筑的同时，布林指标的上下轨线就开始缓慢向两边打开了。只是由于股价涨速较慢，布林通道的开口也不是那么明显，投资者要买进也需要注意仓位管理。

股价在上涨至3.50元价位线附近后横盘整理了数日才开始下一波的上涨。这次的K线在小幅震荡后果断在突破4.00元价位线时大幅向上跳空收阳，大大加快了上涨速度。

与此同时，布林通道也出现了明显的开口，而且还是二次开口，进一步证实了上涨趋势的稳定。此时，一直在场外观望的谨慎型投资者也可以跟进建仓了。

从后续的走势中可以看到，该股在此之后就形成了阶梯式的上涨，即遇到压力线受阻后横盘→横盘结束继续拉升→拉升遇阻再横盘→横盘结束再拉升的走势，规律性极强。

观察布林通道也可以发现，这一阶段的 K 线走势基本都被限制在了布林上通道之内，并且没有一次跌破过布林中轨线，说明市场支撑力相当强劲。

而且均线组合也给出了积极信号，四条均线此时已经全部转折向上，自上而下呈现出 5 日均线、10 日均线、30 日均线和 60 日均线的多头排列，证实了涨势的稳定。

那么，在如此稳定的上涨趋势中，短线投资者既可以保持持股，也可以利用 K 线在布林中轨线上的转折进行分段操作。

拓展知识 关于案例中炒股软件窗口时间轴显示问题的说明

本书会涉及大量案例的解析，关于案例截图中软件 K 线图下方的时间轴显示的问题，这里提前做一个大致说明。

一般情况下，炒股软件窗口大小发生调整或对 K 线图进行缩放时，都会造成软件底部的时间轴发生相应的变化，所以，书中的案例截图可能存在时间轴上显示的起止日期与分析内容描述的起止日期不一致，或案例截图中的时间间隔不是很连续的情况。这是软件自身原因造成的，本着客观陈述的原则，为了让读者能够更准确地查阅，本书在进行分析时仍然以实际 K 线走势的起止日期进行描述。

除此之外，中国沪深股市的交易时间为每周一到周五，周六周日及国家规定的其他法定节假日不交易，所以，炒股软件中的 K 线图时间轴仅显示交易日。

第 2 章

确定低吸位置

确定低吸位置就是指在分时图中寻找到合适的低位建仓时机，毕竟投资者在确定了外部买进条件后，还需要进入分时走势中进一步分析买点。那么本章就从一些特殊或常见的分时形态入手，向投资者介绍分时低吸时机的确定和应用。

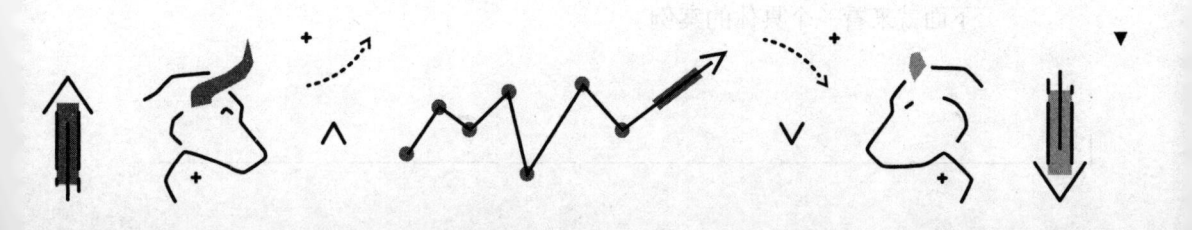

2.1 分时股价线与均价线的关系

在分时图中有两条关键线，一是股价线，二是均价线。它们之间的关系就如同外部 K 线图中的 K 线和均线一般，都是现价与均价的走势表现，有时配合，有时又背离。

在 K 线图中，K 线与均线之间的交叉形态和位置关系会反映出一定的市场信息，这样的特性在分时图中也是存在的。下面就来看一下股价线与均价线有哪些可供短线投资者分析和低吸买进的走势关系。

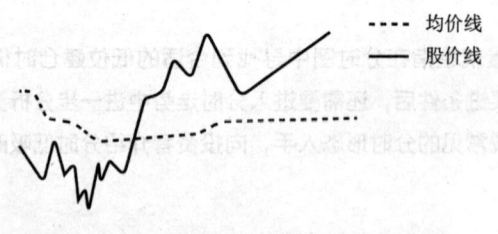

2.1.1 股价线坚定突破均价线

股价线坚定突破均价线就是指股价线在短时间内迅速拉升，直接突破均价线的形态，如图 2-1 所示。

图 2-1　股价线坚定突破均价线示意图

股价线坚定突破均价线的走势一般是需要市场大力推涨才能达到的，也就是说，当股价线直线突破均价线后，后市持续上涨的能力会比较强。因此，它是一个比较强势的买进信号。

不过这种分时形态十分常见，短线投资者若遇见一个买一个，就很难达到真正的低位吸筹效果。因此，投资者还需要结合外部情况，也就是利用第 1 章中学到的知识先确定大致的低吸位置，再进入分时图中寻找突破的时机。

下面就来看一个具体的案例。

实例分析

宁波东力（002164）股价线突破均价线

图 2-2 为宁波东力 2022 年 8 月至 11 月的 K 线图。

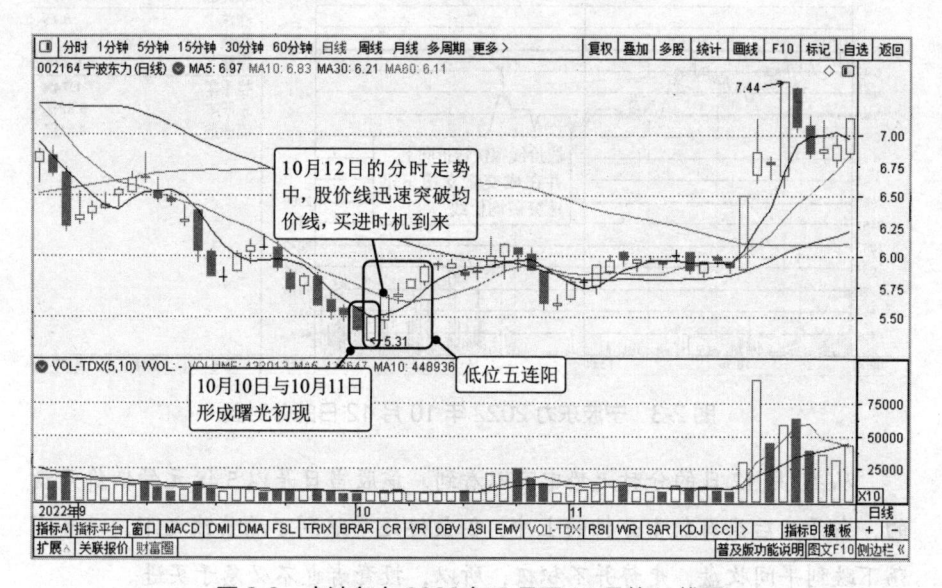

图 2-2　宁波东力 2022 年 8 月至 11 月的 K 线图

从图 2-2 中可以看到，宁波东力正处于涨跌走势转变的过程中，在前期下跌时，该股还是经历过多次多方反抗的，但都没能实现有效突破。直到 10 月初该股跌至 5.50 元价位线下方后，才有了强势上涨的迹象。

10 月 10 日，K 线在快速下跌跌破 5.50 元支撑线后，于次日低开后反转上冲，收出了一根长实体阳线，并且阳线实体深入阴线内部一半以上，形成了一个曙光初现反转形态。

虽然该形态没有在前面介绍过，但它的使用效果与阳孕阴、早晨之星是类似的，即预示后市即将上涨。因此，此时的投资者就可以开始重点关注该股的动向，激进型投资者已经可以准备建仓入场了。

下面来看曙光初现形成后次日的分时走势。

图 2-3 为宁波东力 2022 年 10 月 12 日的分时图。

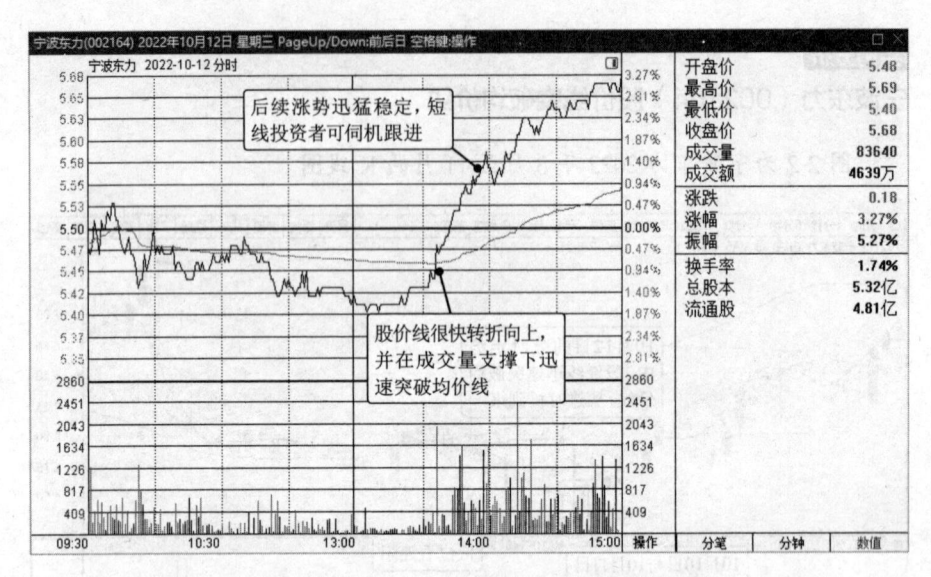

图2-3 宁波东力2022年10月12日的分时图

从10月12日的分时走势中可以看到，该股当日是以5.48元的低价开盘的，在开盘后虽有数十分钟的上冲，但最终还是跌到了均价线之下，一直震荡下跌到早间收盘，走势并不积极，所以，投资者也不必急于买进。

下午时段开盘后，股价线在5.40元价位线上方横盘整理了一段时间，成交量突然开始大笔放量，导致股价线迅速上行，成功在几分钟内突破了均价线，形成了一个积极的上升信号。

结合K线图中的曙光初现及当日后续的迅猛上涨走势来看，股价即将进入强势反弹或上涨行情的可能性就比较大了。对于短线投资者来说，这就是一个十分明确的买点。

从K线图后续的走势也可看到，股价连续收出五根阳线后才在6.00元价位线下方受阻，形成横向整理走势。这五根阳线显然构筑出了低位五连阳的形态，进一步确定上涨信号，此时谨慎型投资者也可以买进了。

2.1.2 回踩不破也可建仓

这里的回踩不破指的是股价线对均价线的回踩，当股价线运行到均价线之上后，难免会形成回调并靠近均价线。若均价线能够长期保持强劲支撑力，使得股价线在震荡中持续上扬，股价的上涨空间就能够得到保证，投资者买进也更加安全，如图2-4所示。

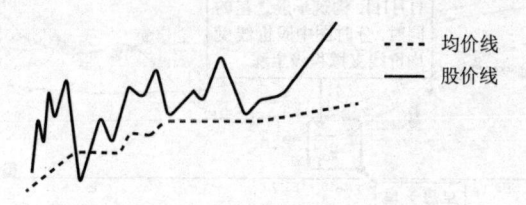

图2-4　股价线回踩均价线不破示意图

注意，这里说的跌破指的是股价线彻底跌破均价线的走势，若是小幅跌破后迅速回归，是不算作有效跌破的，投资者不必过于纠结这种小幅破位的问题。

同样的，在使用该形态判断买进时机时，投资者也要同时注意K线图中的走势，确定好外部环境后，再根据内部走势决策。

下面通过一个具体的案例来解析。

实例分析

平安银行（000001）股价线回踩均价线不破

图2-5为平安银行2022年9月至12月的K线图。

在平安银行的这段走势中，投资者可以很清晰地看到前期股价连续下跌的弱势走势，以及跌势见底时K线在筑底过程中形成的一个十分标准的早晨之星形态。

K线先是形成一根跌破关键支撑线的阴线，然后向下跳空收出一根小实体阳线，11月1日再次实体跳空向上，收出一根长实体阳线，完成了一个早晨之星的构筑。

反应快的投资者其实在第三个交易日，也就是11月1日股价尚未收盘时就已经看出早晨之星的形态了。那么当投资者进入当日的分时走势中观察，又能得到怎样的信息呢？

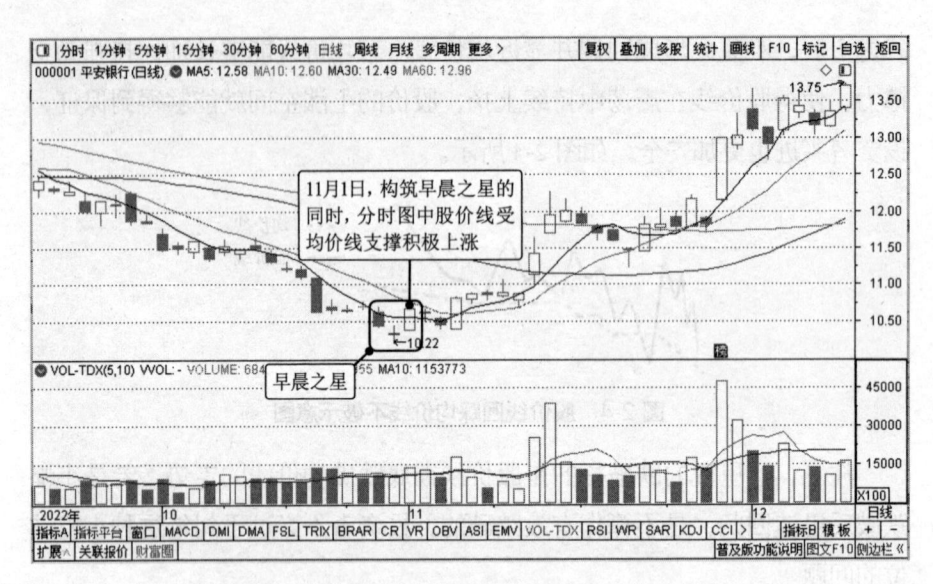

图2-5 平安银行2022年9月至12月的K线图

下面来看该股11月1日的分时走势如何。

图2-6为平安银行2022年11月1日的分时图。

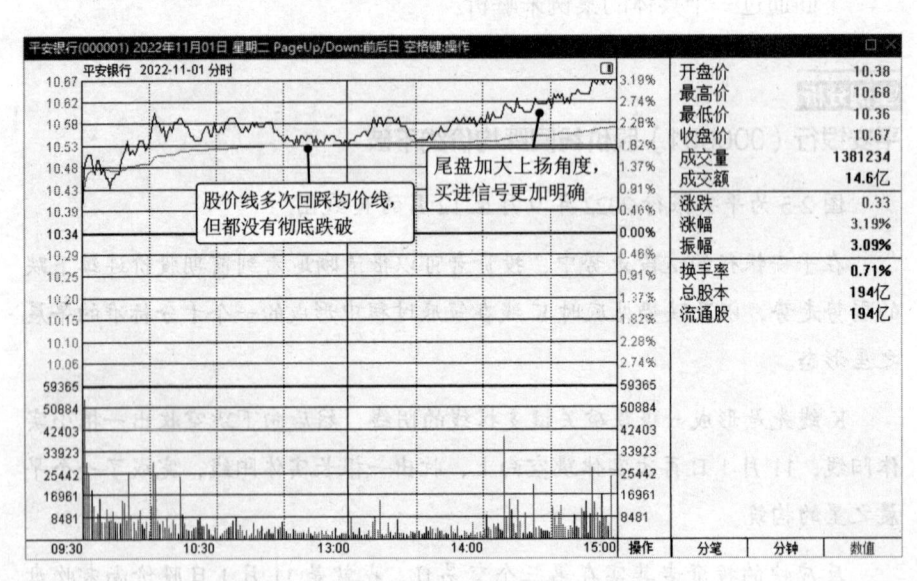

图2-6 平安银行2022年11月1日的分时图

从11月1日的分时走势中可以看到，该股当日以10.38元的价格高开后就出现了震荡式的上涨，数十分钟后彻底突破到了均价线之上。

在此之后，股价虽然没有形成更加有效的上涨，但每当其回调落到均价线上时，基本都受到了其支撑，形成了回踩不破的走势。待到13:30之后，股价开始连续上涨并突破前期高点时，投资者就可以尝试着轻仓跟进了。

谨慎型投资者若认为时机尚未成熟，还可以等到K线图中股价突破中长期均线时再买进，这里的回踩不破就当作是提醒投资者关注该股的信号。

2.1.3 乖离变大注意时机

股价线与均价线之间的位置关系有一个指标可以衡量，那就是乖离率，二者距离越远，乖离率越大。那么，当股价线与均价线之间的乖离率随着时间的推移不断加大，往往意味着股价出现了越发积极的上涨，后市看涨的信号强烈，如图2-7所示。

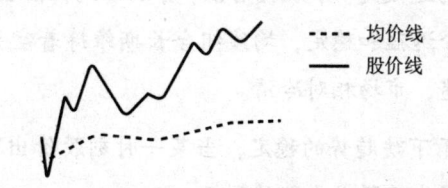

图2-7 股价线与均价线之间乖离变大示意图

股价线与均价线之间的乖离变大是需要观察整体走势的，一些幅度不大的乖离并不能释放出十分强烈的买进信号。但当股价线在短时间内迅速向上远离均价线，甚至出现涨停的情况时，短线投资者就可以考虑及时跟进建仓了，不过要注意K线图中的情况。

下面直接进入案例解析。

实例分析

益丰药房（603939）股价线与均价线之间乖离变大

图2-8为益丰药房2022年3月至6月的K线图。

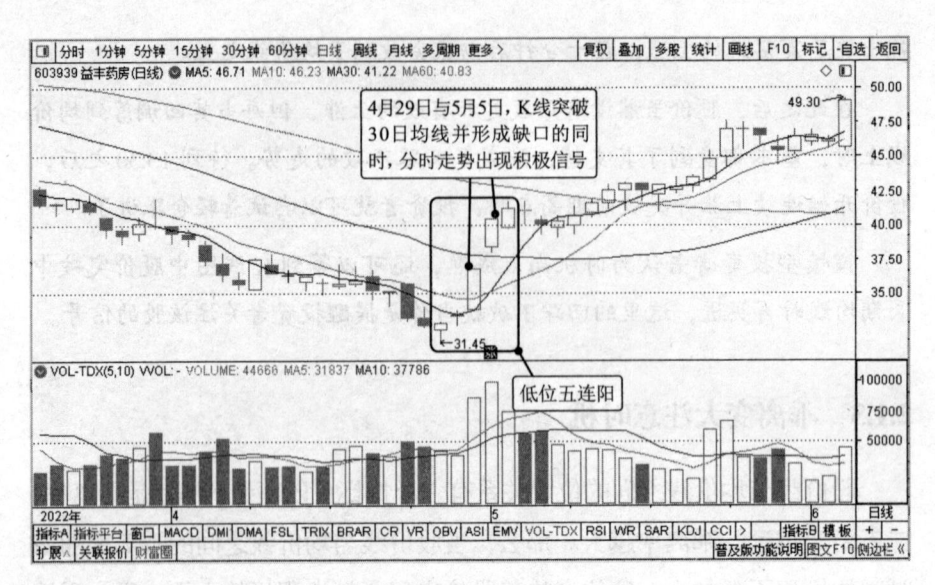

图2-8 益丰药房2022年3月至6月的K线图

来看益丰药房的这段走势，从图2-8中可以看到，在2022年3月到4月，股价的跌势可谓十分迅猛和稳定，均线组合长期维持着空头排列压制K线，导致成交量趋于低迷，市场相对冷清。

不过，正是由于下跌趋势的稳定，当某一时刻股价出现突破走势时，投资者也能很快地分析出反弹或上涨的到来。

4月底，这种走势出现了。K线在连续两日收阳后已经向上靠近了短期均线，4月29日股价大幅拉升，收出一根长实体阳线后成功突破两条短期均线。而5月5日该股更是跳空向上开盘，收出的大阳线成功突破到了30日均线之上，不仅从外部形成了积极上涨的信号，在内部也构筑出了特别的看涨信号。下面来看这两个大阳线内部的运行状况。

图2-9为益丰药房2022年4月29日与5月5日的分时图。

先来看4月29日的分时走势，从图2-9中可以发现，在开盘后股价就出现了积极的上涨。在接下来的一个小时内，股价线在震荡中逐渐拉大了与均价线的距离，使得乖离不断变大。但由于放大幅度还不算明显，投资者买进时也不必一次性就投入全部预备资金。

当股价持续向上并接触到涨停板几分钟后，形成了一次回踩，不过均价线提供了强力的支撑，股价线很快继续向着涨停板迸发。在此期间，股价线与均价线之间的乖离率又在不断增大，结合前期股价涨停的走势来看，后续该股以涨停收盘的概率较大，投资者可迅速跟进，继续加仓。

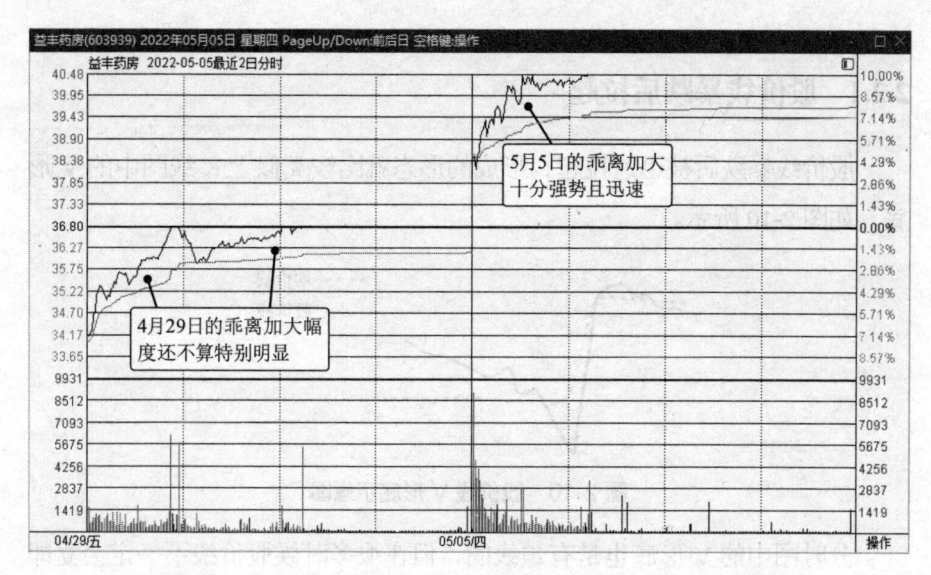

图 2-9　益丰药房 2022 年 4 月 29 日与 5 月 5 日的分时图

接着来看 5 月 5 日的分时走势，股价在跳空向上高开后维持住了前日的积极走势，股价线不断与均价线拉开距离，并且无论是拉升速度还是幅度都大大高于前日，助买信号更加强烈了。那么投资者就要趁着股价还未涨停时迅速跟进，把剩余资金都投进该股中。

回到 K 线图中可以看到，该股在此之后又收出了一根阳线，至此形成低位五连阳，然后在 60 日均线附近受阻小幅回调。待到数日之后，股价回调结束继续上涨并突破 60 日均线时，谨慎型投资者也可以跟进了。

2.2　股价线的特殊筑底形态

股价线的特殊筑底形态与 K 线图中的筑底形态有一定的相似之处，但在构筑时间上缩短了不少，有时候往往在半个小时甚至数十分钟内就结束筑底了。因此，短线投资者在面对这样的筑底形态时不仅要反应迅速，分析出具体的形态，还要结合内外部情况果断作出相应决策。至于是立即低吸还是等待上涨稳定后再买进，可根据具体情况和投资风格决定。

2.2.1 股价线暴跌后拉起

股价线暴跌后被迅速拉起，形成的形态就比较类似于 K 线图中的 V 形底，如图 2-10 所示。

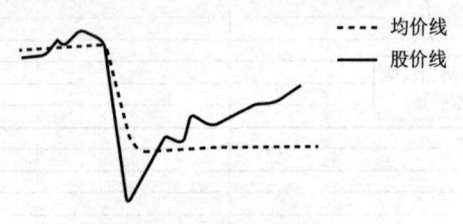

图 2-10　股价线 V 形底示意图

分时图中的 V 形底也是有颈线的，但在很多时候股价线不一定会立即将颈线突破，而是先突破均价线后缓慢震荡上扬，直到下午时段或临近收盘时才突破颈线，有时甚至直到收盘都没有将其突破，就比如图 2-10 中展示的那样。

因此，短线投资者没必要将股价线对颈线的突破当作唯一的买点对待。如果股价线能够突破均价线并持续稳定上扬，激进型投资者其实就可以先行买进了，谨慎型投资者也可以提前确定涨势，开始准备资金。

当然，这只是某些情况下的应对策略，如果股价线能够第一时间突破到颈线之上，外部 K 线走势也符合筑底情况，投资者就可以立即跟进，持股待涨。

下面通过一个案例来解析。

实例分析

贵州茅台（600519）股价线 V 形底案例解析

图 2-11 为贵州茅台 2022 年 9 月至 12 月的 K 线图。

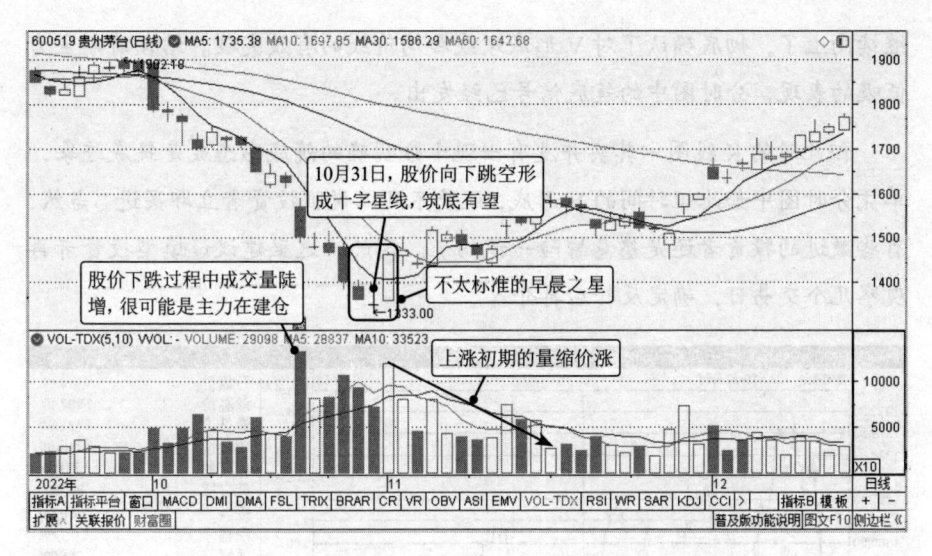

图 2-11　贵州茅台 2022 年 9 月至 12 月的 K 线图

在贵州茅台的这段走势中，股价从 2022 年 10 月中旬开始明显下跌，经过不到一个月的时间，就从 1 900.00 元价位线下方跌到 1 400.00 元价位线下方，跌幅还是比较大的。

但在 K 线收阴下跌的过程中，投资者可以发现，成交量时不时会形成放量的走势。尤其是在 10 月下旬，成交量明显放出巨量，与持续下跌的股价形成了量增价跌的背离，证明其中很可能有主力参与吸筹，投资者要特别注意后市走向。

10 月底，股价跌破 1 400.00 元价位线后继续收阴下跌，于 10 月 31 日收出了一根十字星线，其开（收）盘价与前一根阴线形成了跳空。这时投资者若进入当日的分时走势中观察，可以看到其中的筑底走势。

图 2-12 为贵州茅台 2022 年 10 月 31 日的分时图。

从图 2-12 中可以看到，该股在 10 月 31 日是以 1 350.00 元的价格低开的，并且在开盘后几分钟内就出现了急速的暴跌，股价线几乎是以直线下坠，一路落到了最低 1 333.00 元价位线上才止跌。

随后股价立即被拉起，以同样快的速度反转向上，直接就突破到了开盘价之上，也就是颈线之上。股价线虽然在后续对均价线有过回踩，但很快又继续向上了，彻底确认了对V形底颈线和均价线的有效突破。结合前期主力低吸的表现，分时图中的筑底信号已经发出。

但此时的K线图中其实并没有出现十分明确的筑底形态或是筑底迹象，单凭分时图中如此短时间的V形底，还是不足以说服投资者立即买进（当然，有些激进的投资者还是愿意冒险一试的）。因此，这里建议谨慎型投资者再观察几个交易日，确定反转后再介入。

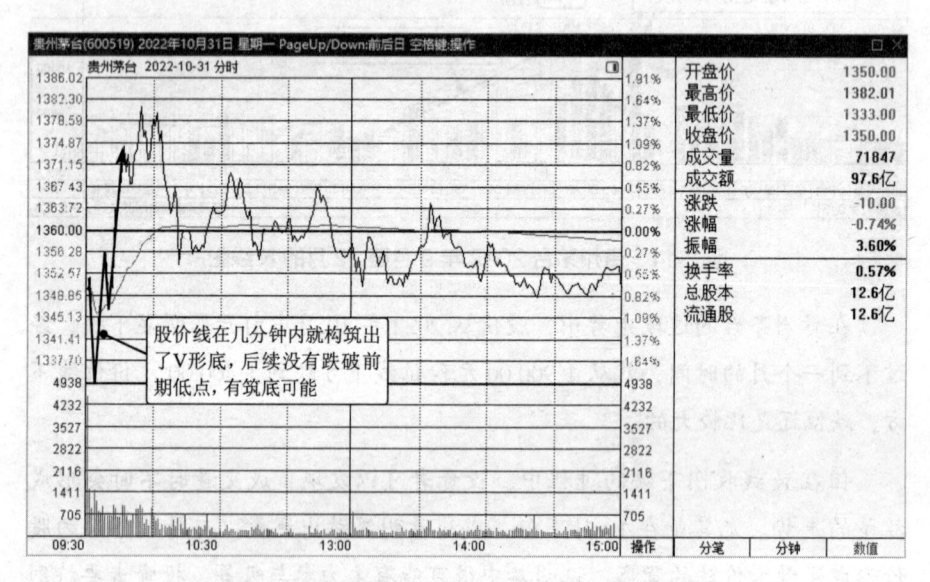

图 2-12　贵州茅台 2022 年 10 月 31 日的分时图

回到K线图中可以看到，在次日K线就高开高走收出了一根大阳线，与前面两根K线结合形成了近似的早晨之星形态（因为第一根阴线实体太短），说明10月31日的筑底形态还是有一定可信度的。

而根据后市走势中股价持续上涨，成交量却出现缩减的走势来看，主力手中掌握的筹码也不少，能够以少量量能带动股价明显上涨，那么短时间内该股的上涨潜力就能得到确认，谨慎型投资者可以伺机跟进了。

2.2.2　低位二次震荡

当股价线下跌到底部遇到支撑线连续两次震荡后，就会形成双重底筑底形态，如图 2-13 所示。

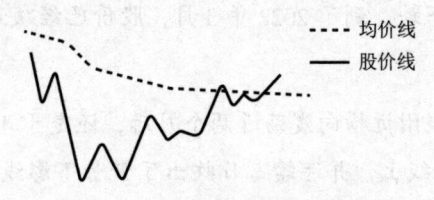

图 2-13　股价线双重底示意图

与 K 线图中的双重底不同的是，分时双重底对于构筑时间没有太多要求，很多时候它也是在数十分钟内完成的，但只要后期股价线能够突破形态颈线并维持上涨，形态的筑底信号就可以确定。

除了双重底外，若股价线震荡规律性较强，还可能在底部形成头肩底的形态，释放出的信号与双重底相差无几，投资者可以一视同仁。

下面就结合 K 线走势与分时走势分析分时双重底的应用。

实例分析

妙可蓝多（600882）股价线双重底案例解析

图 2-14 为妙可蓝多 2022 年 3 月至 6 月的 K 线图。

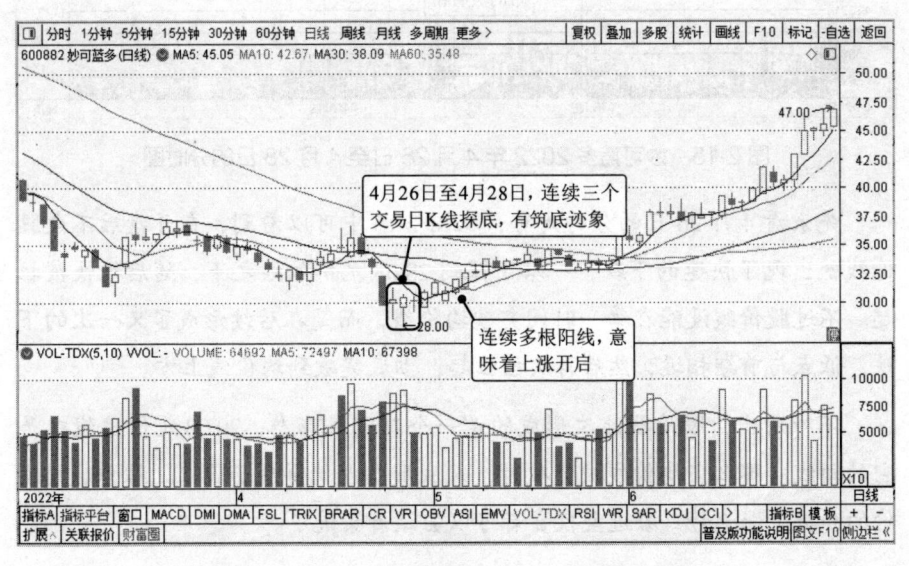

图 2-14　妙可蓝多 2022 年 3 月至 6 月的 K 线图

从妙可蓝多这段走势中的中长期均线表现就可以看出,该股在前期经历了一段幅度不小的下跌,到了2022年3月,股价已经跌到了35.00元价位线附近。

K线在该价位线附近横向震荡近两个月后,还是于4月下旬快速下跌,来到了30.00元价位线上,并连续三日收出了带长下影线的K线。这就说明股价连续三日在此处探底,但都得到了支撑,行情有筑底迹象,投资者可进入分时走势中仔细观察。

图2-15为妙可蓝多2022年4月26日至4月28日的分时图。

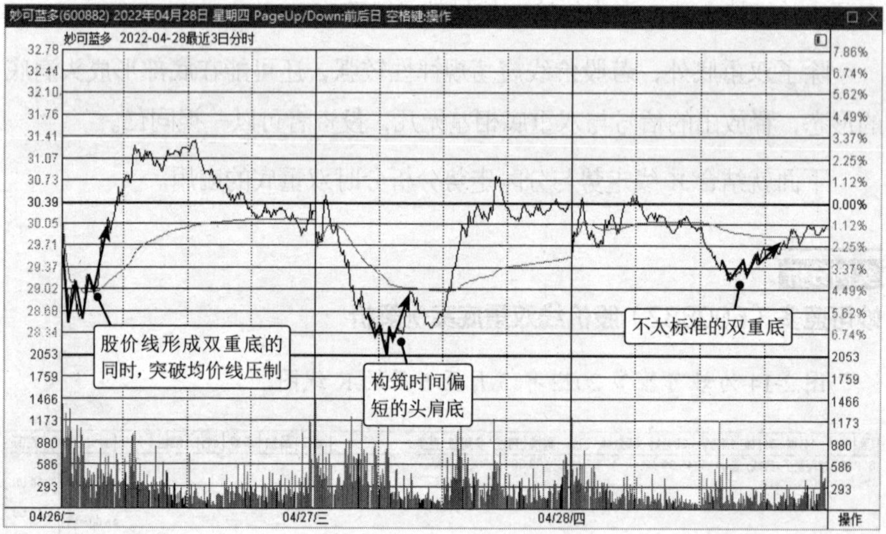

图2-15 妙可蓝多2022年4月26日至4月28日的分时图

先来看4月26日的分时走势,从图2-15中可以看到,在开盘后不久股价线就出现了快速的下跌,一路下探到28.68元价位线之下,随后很快被拉起。不过股价线没能在第一时间突破均价线,而是在后续形成了又一次的下跌,低点与前期相近,然后再次被拉起,彻底突破到均价线上方。

不难看出,股价线此次形成的是一个双重底形态,29.02元价位线就是它的颈线。那么当均价线被突破时,筑底形态也就得到了验证。结合后续股价的积极上涨走势,激进型投资者可以尝试着买进了。

在4月27日,股价开盘后不久也出现了快速下跌的走势,似乎预示着行情即将回归下跌。但投资者只要多观察一段时间就会发现，股价只是在28.34元价位线附近反复震荡，形成了一个头肩底形态后迅速反转向上，最终收出一根阳线。

4月28日，股价线走出了与前期相近的走势，都是在某一时刻快速下跌，触底后构筑出一个筑底形态，然后继续上涨。只不过当日形成的是一个低点并不完全一致且不太标准的双重底形态。即便如此，经过了连续三个交易日的特殊形态筑底后，投资者也基本能够判断出反转或强势反弹即将到来。

从K线图中后市的走向可以看到，该股在此之后就开启了连续收阳上升的走势，最终在5月底彻底突破了两条中长期均线的压制，确定上涨的到来，谨慎型投资者要及时择低买进了。

2.2.3 底部反复震荡

股价线在底部反复震荡，可能会形成如三重底一般的筑底形态，也可能会形成无规律的横盘窄幅波动走势，如图2-16所示。

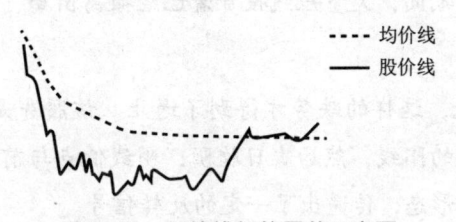

图2-16 股价线低位震荡示意图

一般来说，这种低位震荡的维持时间要稍长一些，而且也不具有规定好的颈线，投资者只能以震荡区间的上边线或是均价线为依据来确定震荡是否结束。至于其预示信息和应对策略，则与前面介绍的两种筑底形态类似，下面直接进入案例学习。

实例分析

毅昌科技（002420）股价线低位震荡案例解析

图2-17为毅昌科技2022年3月至6月的K线图。

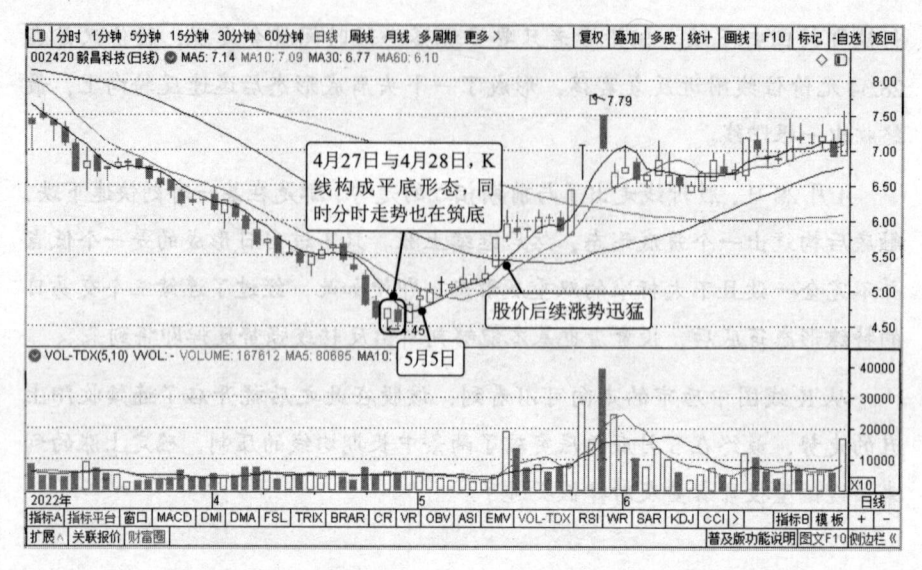

图2-17　毅昌科技2022年3月至6月的K线图

来看毅昌科技的这段走势，从图2-17中可以发现，该股前期的下跌走势相当稳定，期间几乎没有形成有效的反弹，因此，均线组合对其也形成了长期的压制。在此期间，大量短线投资者已经撤离出局，场外投资者也不可轻易介入。

一直到4月底，这样的跌势才得到了遏止。该股先是在4月27日收出了一根带长下影线的阳线，然后次日收阴，阴线低点与前日相同，二者结合形成了平底的筑底形态，传递出了一定的反转信号。

除此之外，这两个交易日的分时走势也有相应的筑底表现，下面通过分时图来进一步分析。

图2-18为毅昌科技2022年4月27日与4月28日的分时图。

从4月27日的分时走势可以看到，该股在开盘后就出现了震荡下跌，一直落到4.45元价位线附近才暂缓跌势，开始在该支撑线上方反复震荡，连续触底三次后，形成了类似三重底的形态。

在此之后，该股开始拐头向上，突破震荡区间的高点后持续上扬，再次突破均价线，回踩确认支撑力后加速上行，形成了明确的单日筑底形态。

再看后面一个交易日，股价在临近前日收盘价的位置开盘后同样震荡下跌，并于下午时段落到了与前日低点相近的位置，在其附近形成了同样的低位震荡筑底形态。

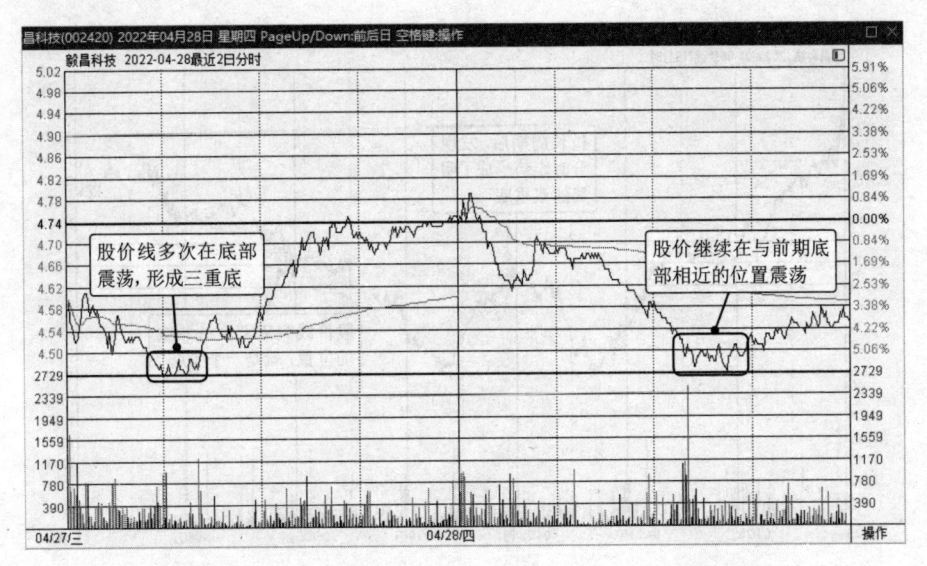

图 2-18　毅昌科技 2022 年 4 月 27 日与 4 月 28 日的分时图

连续两个交易日的低位多重震荡已经证明了股价可能即将上涨，无论后市是反弹还是行情转势，短线投资者都可以尝试介入。不过单从目前股价的走势表现来看，真正的上涨还没有确定，依旧有不少投资者在等待更加合适的买点。

接下来，投资者不妨借助 K 线平底筑底形态的特性，将分时走势以平底为中心拉长到七个交易日，观察这七日内毅昌科技的连续分时走势有怎样的变化，投资者又如何借助其分析出更加安全的买点。

图 2-19 为毅昌科技 2022 年 4 月 25 日至 5 月 6 日的分时图。

从图 2-19 中可以很清晰地看到，形成平底形态的两个交易日在筑底过程中构筑出了两个明确的、相近的波谷，结合其他交易日的分时走势形成了一个标准的双重底。那么，投资者完全可以借助后续股价线对颈线的突破来确定买点。

其颈线很明显，是在 4.80 元价位线附近。而该股有效突破该压力线是在

5月5日，也就是平底形成后的第二个交易日。从K线图中也可以看到，这个交易日结束后，K线收出了一根明显上行的小阳线，踩到了5日均线上，说明上涨即将到来，投资者可以考虑跟进了。

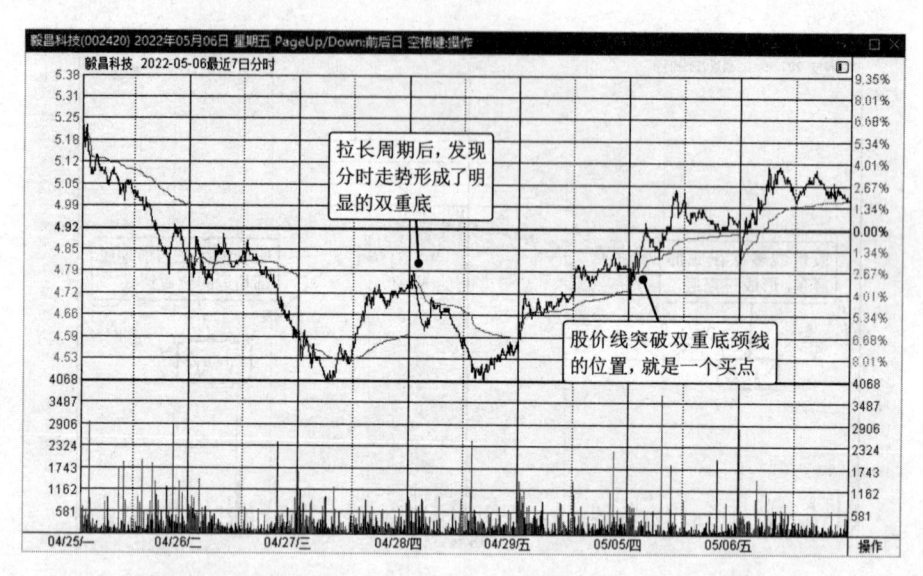

图2-19　毅昌科技2022年4月25日至5月6日的分时图

拓展知识　*如何设置多日分时图*

在前面的一些案例中，投资者看到了不少多日分时图的展示方式，由此也可以看出其便捷性。那么，投资者要如何设置多日分时图呢？

要设置多日分时图主要有两种方式，下面以通达信软件为例分别讲解。

①投资者进入任意分时图中，单击右下角的"操作"选项卡，在弹出的菜单中选择"多日分时图"命令，然后在弹出的子菜单中选择对应的多日分时图设置就可以了，如图2-20所示。

②直接在分时图中按快捷键进行设置，想设置几日的分时图，就按【Ctrl+数字】组合键。比如想设置两日分时图，就按【Ctrl+2】组合键，以此类推。

注意，设置多日分时图的规则是今日及以前的多日分时走势叠加，比如两日分时图，就是指今日及昨日的分时走势叠加。若投资者想在设置好多日分时图的基础上向前或向后移动一个或几个交易日，直接上下滚动鼠标滚轮即可。

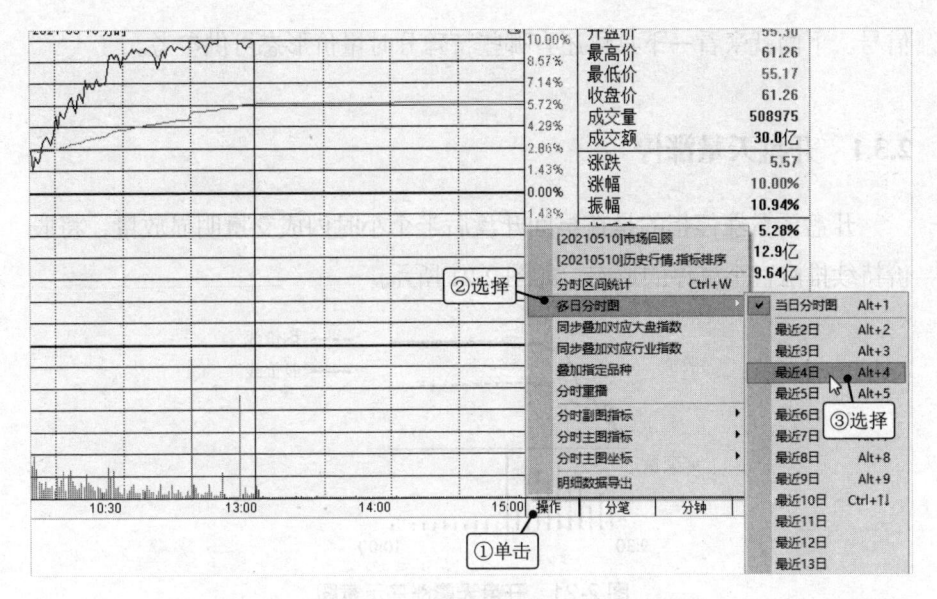

图 2-20　设置多日分时图的步骤

2.3　特殊时段内量价的异动

　　分时图中的特殊时段主要有三段，分别是早间开盘后的半个小时、午间开盘后的半个小时及临近收盘的半个小时。其中，午间开盘后和临近收盘的半个小时有专属的名称，即午盘和尾盘。至于早间开盘后的半个小时，有的投资者会将其称呼为早盘，不过更多时候早盘指的是整个早间交易的两个小时。

　　无论称呼如何，在这三段关键交易时段内，如果成交量能够与股价线配合形成一些不太常见但又具有很高分析价值的形态，就能够为短线投资者指出一条低吸的明路。当然，前提是投资者能够在 K 线图中合适的位置发现这些形态。

　　除此之外，有些量价形态会以整个交易日为构筑基础，比如盘中持续放量拉升看的就是整体的量价走势，这些形态同样能够释放出相应的看涨信号。下面就来看一下具体还有哪些特殊分时量价形态可供参考。

2.3.1 开盘天量涨停

开盘天量涨停指的是在早间开盘后半个小时内成交量明显放量，将股价持续推涨直至涨停的形态，如图 2-21 所示。

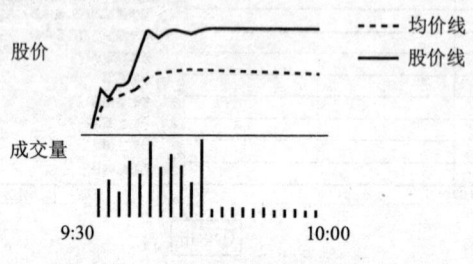

图 2-21 开盘天量涨停示意图

在行情的相对低位形成的开盘天量涨停，一般都预示着拉升或是强势反弹即将开启。量能放大得越明显，股价上涨的速度越快，达到涨停的用时越短，那么形态释放出的看涨信号就越强烈。

不过需要注意的是，在开盘天量涨停之后，股价是有可能在后续开板交易的。有时候是短暂的 V 字开板，有时候则是开盘后长期回落，消化掉卖盘后继续回升到涨停板上，有时候还可能是开板后就持续下跌，最终以低价收盘。

这三种情况对应的预示信息有所差别。在前面两种情况下，股价最终还是能够回到涨停板上，那么后续的上涨还是能得到保证的，只是信号强度相较于持续封板来说较弱。而最后一种股价以低价收盘的情况，投资者就要考虑这是不是一次短暂的多方发力上攻，后续市场是不是会后继无力难以维持长期的上涨。若投资者已经买进，则需要特别关注次日的股价走势，根据 K 线的涨跌情况来决定是撤离还是继续持有。

除此之外，K 线图中合适的介入位置也是很重要的，这样才能与分时走势的特殊量价形态结合形成更加强势的入场信号。

下面来看一个具体的案例。

> **实例分析**
>
> **天永智能（603895）开盘天量涨停案例解析**

图2-22为天永智能2021年11月至2022年2月的K线图。

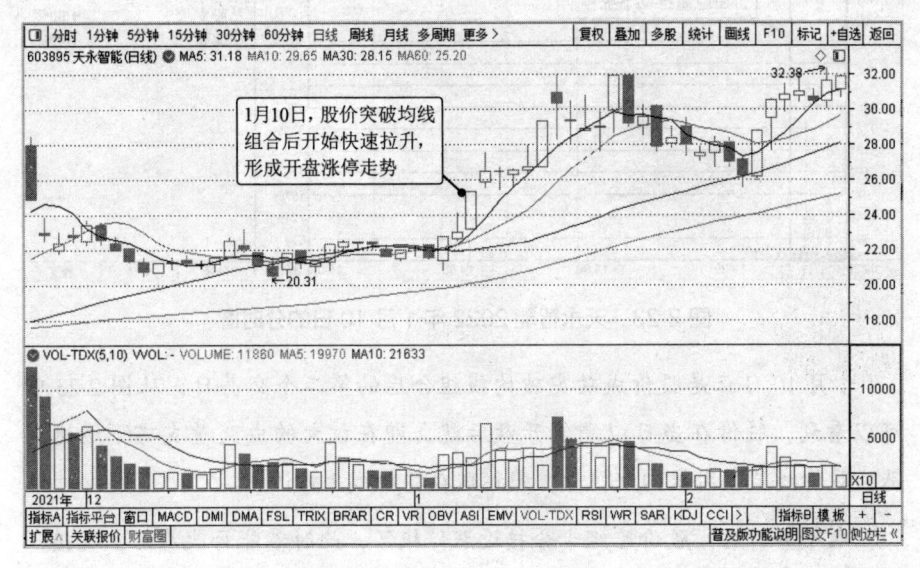

图2-22 天永智能2021年11月至2022年2月的K线图

根据天永智能的K线走势中均线的表现来看，该股在很早之前就进入了稳定、持续的上涨行情之中。只是股价在某压力线处受阻后回落，跌到22.00元价位线附近形成一段时间的横盘整理，才使得大量短线投资者撤离出局，在场外等待下一次上涨。

进入2022年1月后，随着60日均线的向上靠近，K线开始形成低点缓慢上移的走势，意味着下一波上涨不远了，短线投资者要特别注意。

1月初，K线开始连续收阳上涨，成功在两个交易日后突破到了整个均线组合之上，并带动5日均线、10日均线和30日均线向上扭转并发散，看涨信号明显。若此时投资者进入大阳线的分时走势中，还会有额外发现。

图2-23为天永智能2022年1月10日的分时图。

图 2-23　天永智能 2022 年 1 月 10 日的分时图

1月10日正是股价成功突破均线组合后的第二个交易日，从图 2-23 中可以看到，股价在当日以高价开盘后就立即在放大的成交量支撑下迅速上涨，股价线呈锯齿状向上拉升，稳稳踩在均价线上方运行。

数十分钟后，股价已经十分接近涨停板了，此时量能再次暴涨，直接一举将股价推到了涨停板上封住，形成了开盘天量涨停的形态。而且一直到收盘涨停板都没有打开过，进一步证实了多方的强势。

结合外部 K 线的积极走势来看，该股未来的上涨潜力可能不小，那么没来得及在涨停之前买进的投资者就要快速挂单，争取在当日完成交易入场。

拓展知识　为什么分时涨停后成交量极度缩减

从图 2-22 中投资者可以看到，当股价涨停后，下方的成交量出现了极度的缩减，看似十分不同寻常，其实是受到了股市单日涨跌停制度的限制。

当股价涨停，上方不会再出现下一个可供交易的价格，那么大量的买单就会堆积在涨停价上。根据"价格优先，时间优先"的交易原则，如果卖盘不能完全消化掉这些买单，更低价格的买单也就无法交易，涨停就会一直持续下去。显然，只在一个价格上进行交易，就会使得成交量大幅下降，形成异常的缩减。

2.3.2　盘中震荡拉升

盘中震荡拉升的走势就是指在当日的整段交易时间内，股价线与成交量之间呈现出的整体量增价涨的形态，如图 2-24 所示。

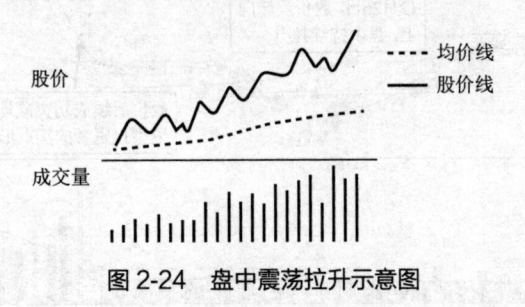

图 2-24　盘中震荡拉升示意图

在震荡拉升的过程中，股价线可能会呈现出山坡式的拉升，也可能表现出阶梯式的上涨。但无论是以何种形式进行，股价高低点是处于不断上移中的，这样才能预示出上涨的稳定和市场的积极。

与此同时，成交量也需要给出持续的支撑，即便无法做到随着价格的上升而持续放量，也应当整体呈现出上升状态，体现市场多方越发坚定的助涨决心。

对于短线投资者来说，在外部 K 线走势符合低吸要求的情况下，再发现分时图中存在这样积极的量增价涨形态，就可以迅速在当日建仓入场了。谨慎型投资者若不放心也可以暂缓几日，待到上涨趋势彻底确定后再入场持股。

下面通过一个案例来具体了解。

实例分析
泰胜风能（300129）盘中震荡拉升案例解析

图 2-25 为泰胜风能 2022 年 11 月至 2023 年 2 月的 K 线图。

泰胜风能在这段走势中表现出的是深度回调结束后向着上涨回归的状态，这一点从中长期均线的变化中不难看出。股价在跌到 7.00 元价位线下方后逐渐有了筑底迹象，最为明显的就是 12 月 26 日的反转拉升。

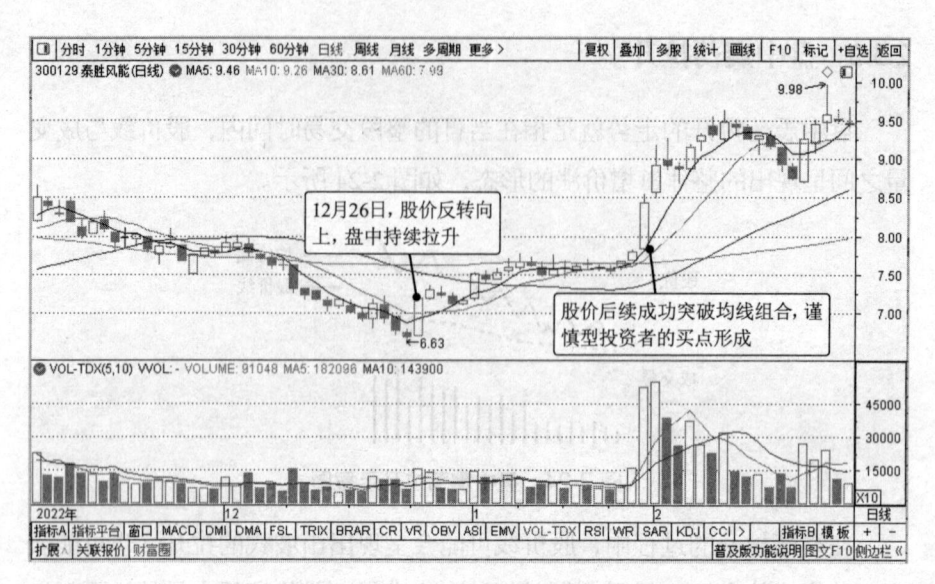

图 2-25 泰胜风能 2022 年 11 月至 2023 年 2 月的 K 线图

下面来看一下泰胜风能的股价在 12 月 26 日有怎样的表现。

图 2-26 为泰胜风能 2022 年 12 月 26 日的分时图。

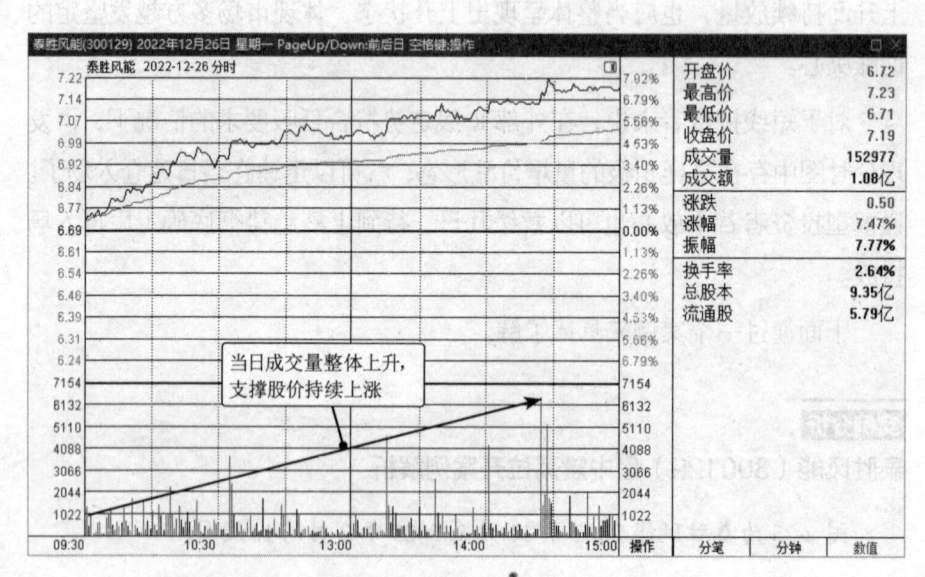

图 2-26 泰胜风能 2022 年 12 月 26 日的分时图

从图 2-26 中可以看到，该股自开盘后就出现了十分积极的上涨。在

10:30 之前股价线几乎一直维持着山坡式的爬升，与均价线的距离也越来越远，形成了乖离加大的形态，成交量也有相应的放大。

而在 10:30 之后，股价线减缓了上行速度，开始呈阶梯式上升，即每上升到一条压力线附近就横盘整理一段时间，随后再上涨，再整理，直至进入尾盘。

在整个上涨期间投资者可以很清晰地发现，虽然在山坡式爬升阶段结束后成交量没有再出现密集放量支撑，但在每次股价向上拉升的过程中，量能都有放大，并且相较于前期不断增高，整体来看形成的依旧是量增价涨的积极形态。因此，盘中震荡拉升的积极信号依旧成立。

从当日后续的走势可以看到，到了尾盘时，股价线已经上升到了比较高的位置，最高价 7.23 元已经创出，虽然最终有小幅回落，但仍以 7.47% 的涨幅收出了一根大阳线。结合 K 线图中股价筑底反转的走势来看，该股很可能即将进入上涨之中，短线投资者已经可以在当日尝试着买进了。

回到 K 线图中继续观察，能看到该股后续确实在持续上涨，一直向上接触到 60 日均线才滞涨横盘，一段时间后成功大幅收阳突破到了压力线上方。此时的上涨趋势彻底得到了确定，长期观望等待时机的谨慎型投资者也可以跟进了。

2.3.3　午盘巨量推涨

午盘巨量推涨就是指成交量在下午时段开盘后半小时内集中放量，推动股价迅速转折向上形成积极上升的走势，如图 2-27 所示。

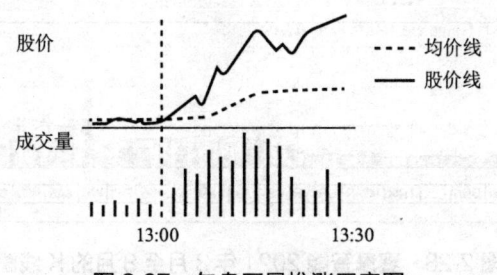

图 2-27　午盘巨量推涨示意图

午盘巨量推涨与普通的午后震荡拉升最大的区别就是股价在早盘期间的走势相对比较低迷，或是长期横盘震荡，或是小幅向下波动运行，期间的成交量也表现平平。直到下午时段开盘后，成交量才突兀出现集中放量，迅速将股价推动反转向上形成一个明显的转折。

很显然，这种突兀的变化少不了主力的参与。那么其在行情的低位或是拉升的初始位置介入的目的就比较明确了，那就是通过一次明确的出手拉涨提醒市场开始大批注资，跟随抬价，这样在降低自身拉升难度的同时也能将价格推到更高的位置。

那么，遇到这种情况的短线投资者就可以跟随市场注资跟进，在相对低位借助午盘巨量推涨形态建仓，随后持股待涨。

下面直接来看一个案例。

实例分析
赛摩智能（300466）午盘巨量推涨案例解析

图2-28为赛摩智能2021年3月至8月的K线图。

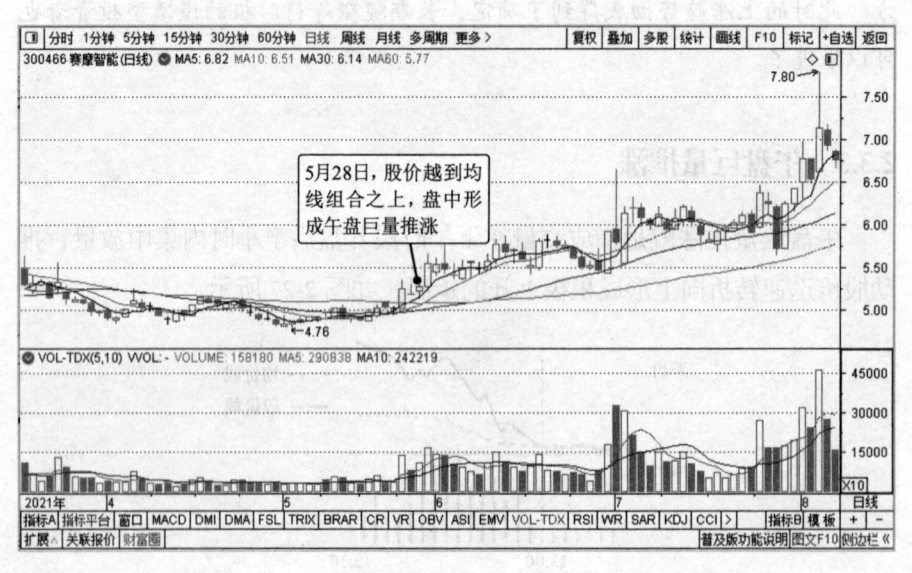

图2-28 赛摩智能2021年3月至8月的K线图

图 2-26 前半段展示的是赛摩智能的一段回调走势，股价在落到均线组合之下后维持了长达数月的震荡整理走势，不过整体跌幅不算大。

5 月初，股价创出 4.76 元的阶段新低后开始连续收阳上涨，逐步向上接近两条中长期均线，并成功于 5 月底突破到上方。在一次大幅收阳之后，股价形成了两个交易日的短暂整理。在整理过程中，股价的分时走势有不同寻常的表现。

下面来看 5 月 28 日的分时走势。

图 2-29 为赛摩智能 2021 年 5 月 28 日的分时图。

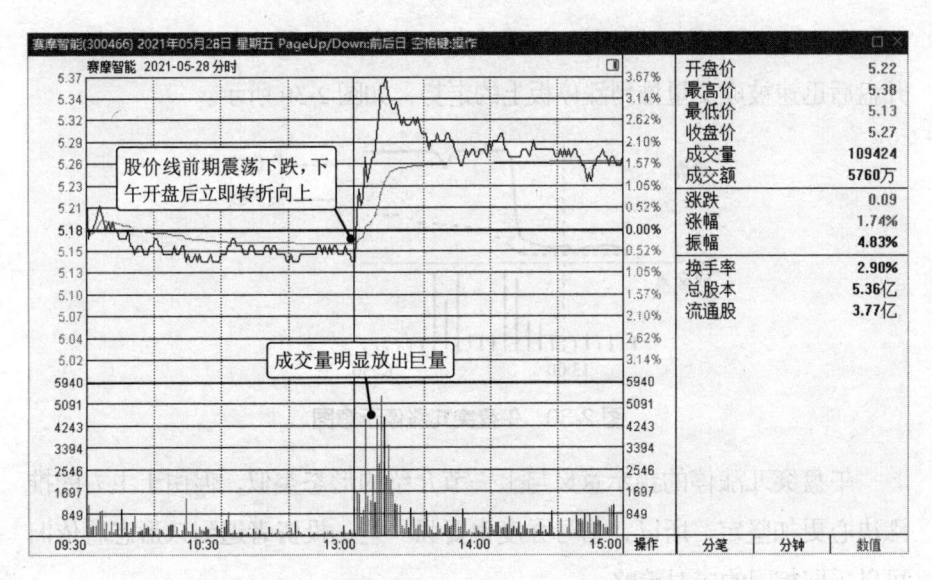

图 2-29　赛摩智能 2021 年 5 月 28 日的分时图

5 月 28 日正是股价滞涨整理的第二个交易日，从其分时走势可以看到，该股当日是以高价开盘的，开盘后出现了短暂的上冲，但数分钟后就转折向下进入了长期的下行震荡之中。

在整个早盘期间，无论是股价线的走势还是成交量的表现都呈现出低迷、冷清的状态。尤其是成交量，到了后期几乎已经缩减到了地量，整体看来没有任何上涨迹象。

但就在下午时段开盘的第一分钟，成交量突兀放出了巨量，股价也在第一时间出现了急速的上涨，几分钟内的涨速达到了近期的极致。随着量能的持续集中放大，股价也在迅速上冲，几分钟后就冲到最高价 5.38 元上，短期涨幅十分惊人。

很显然，量价在这短短几分钟形成了午盘巨量推涨的形态，主力参与的痕迹十分明显。结合 K 线图中股价刚从均线组合的压制下脱离出来的走势，后续继续上涨的概率较大，投资者可以伺机建仓买进了。

2.3.4 午盘突兀涨停

午盘突兀涨停自然就是指股价在经历早间的平稳运行后，于下午时段开盘后迅速被成交量推到涨停板上的走势，如图 2-30 所示。

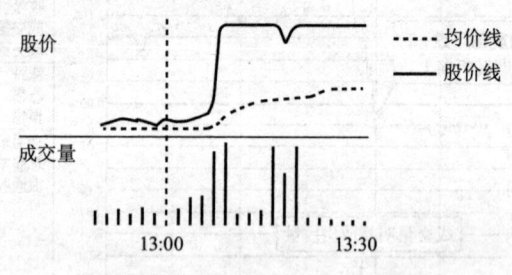

图 2-30 午盘突兀涨停示意图

午盘突兀涨停的预示意义与上一节介绍的形态类似，但由于主力的推涨决心更加坚定，所以，信号强度也要强一些，投资者遇到该形态后依旧可以采取相同的应对策略。

不过需要注意的是，个股在当日后续的开板情况也会在很大程度上影响信号的强度。比如短暂开板后回归涨停，投资者就可以不必理会，反而可以借助开板的时机迅速建仓跟进。

下面来看一个具体的案例。

实例分析
翠微股份（603123）午盘突兀涨停案例解析

图 2-31 为翠微股份 2022 年 8 月至 12 月的 K 线图。

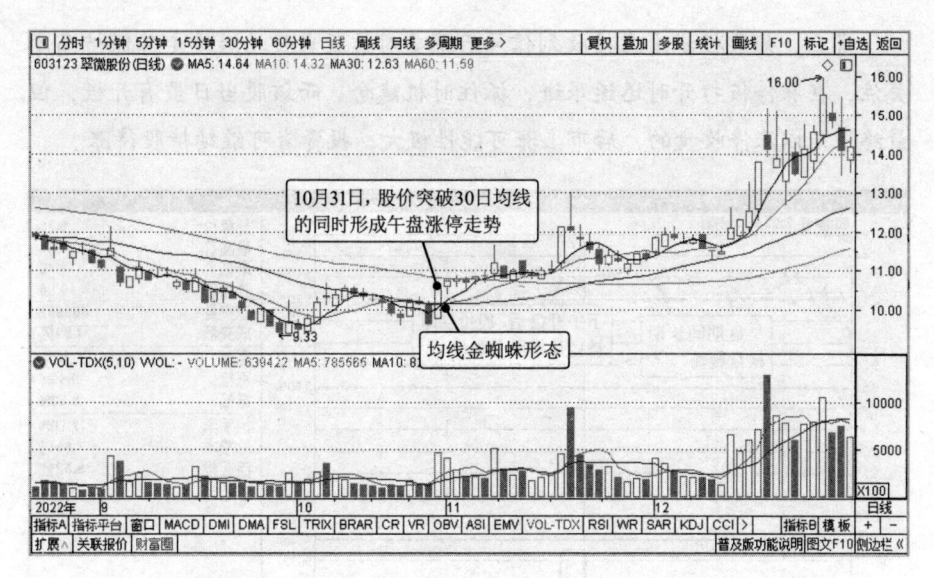

图 2-31 翠微股份 2022 年 8 月至 12 月的 K 线图

来看翠微股份的这段走势，可以看到该股在经历一段下跌后来到了 10.00 元价位线下方，创出 9.33 元的阶段新低后低位震荡了一段时间，最终于 10 月初开启了明显的上涨。

不过，该股第一次向上接触 30 日均线时并未成功将其突破，而是沿着依旧下行的 30 日均线运行趋势回调整理，直至跌到 10.00 元价位线下方后才止跌，并于 10 月 31 日积极拉升向上，成功突破了 30 日均线的压制。

下面来看一下 10 月 31 日的分时走势有何特别之处。

图 2-32 为翠微股份 2022 年 10 月 31 日的分时图。

在早间时段，该股经历了半个小时的积极上涨后来到了 10.30 元价位线附近，在此受阻后形成了长期震荡走势，一直到早间收盘都没能将其突破。而在 K 线图中，30 日均线此时也正好位于 10.30 元价位线附近，说明这是一条关键压力线，股价线后续能否将其突破关系着上涨能否继续。

下午时段开盘后，成交量迅速集中放量，直接将股价线斜线推涨，几分钟后就冲上了涨停板封住。涨停那一分钟成交量的巨大量柱进一步证明了主力的介入，同时也传递出了拉升突破的信号。

那么，短线投资者在接收到信号后就要对该股当日的后续走势保持高度关注，在涨停板打开时迅速跟进，抓住时机建仓。而该股当日虽有开板，但最终还是以涨停收盘的，后市上涨可能性极大，投资者可继续持股待涨。

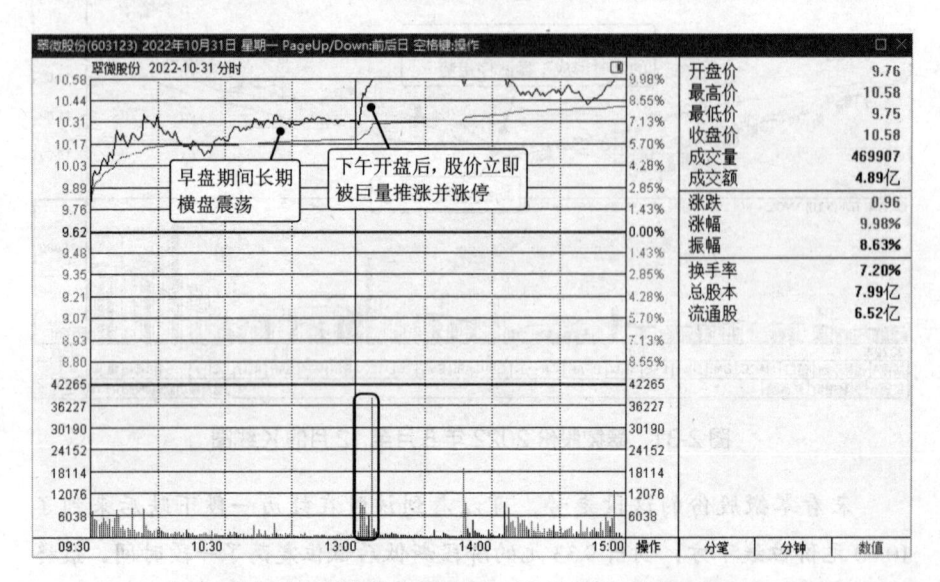

图 2-32 翠微股份 2022 年 10 月 31 日的分时图

2.3.5 尾盘放量暴涨

尾盘放量暴涨的走势与午盘放量推涨的形态十分类似，只是形成时间段不一样，如图 2-33 所示。

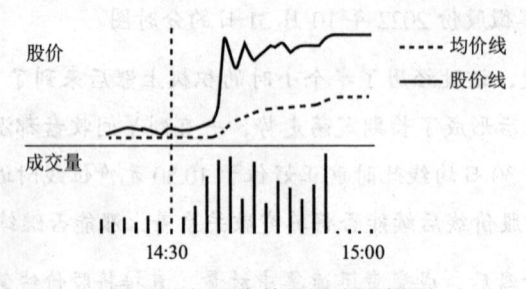

图 2-33 尾盘放量暴涨示意图

量价在尾盘时间出现放量暴涨乃至涨停的情况并不少见，很多主力会利用这种形态进行强势拉升，并且因为拉升时已经接近收盘，很多投资者反应不过来,也就无法作出及时的追涨决策。这就在很大程度上降低了散户与主力大量抢筹的可能,进而从侧面降低主力的持股成本。

所以,短线投资者没能在第一时间借助尾盘放量暴涨的走势建仓入场是很正常的,后续的交易日还有机会,投资者可以伺机尽快买进入场。

下面通过一个案例来了解。

实例分析

赛力斯(601127)尾盘放量暴涨案例解析

图2-34为赛力斯2021年1月至5月的K线图。

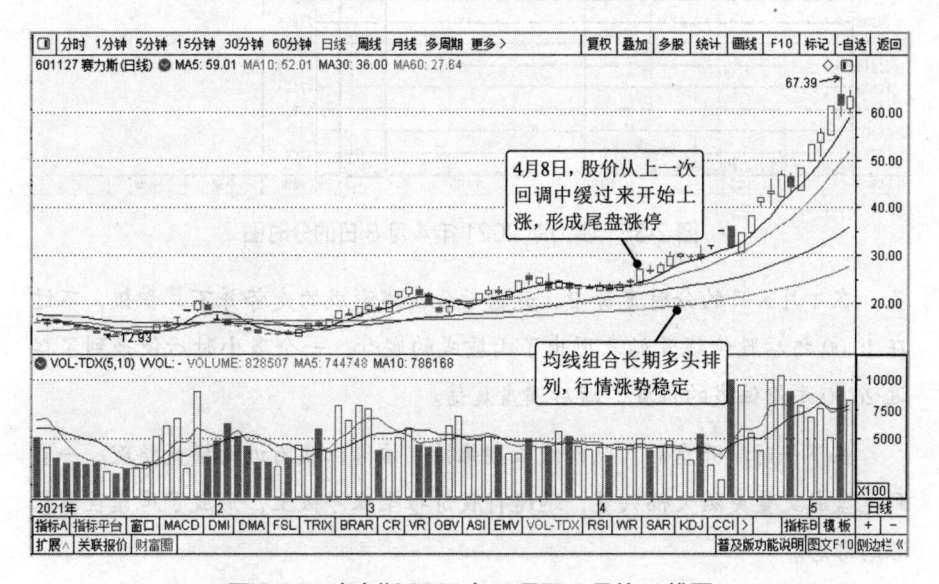

图2-34 赛力斯2021年1月至5月的K线图

从图2-34中可以看到,从2021年2月中旬开始,股价就从低位横盘回归到了上涨趋势之中。随着中长期均线的逐步转向,K线也受其支撑形成了持续稳定的上涨。

在整个上涨过程中股价并未连续上涨,而是在上涨一段后回调整理,随后再继续攀升。因此,在此期间就形成了许多适合短线投资者低吸的点位,比如2021年4月8日,股价突破前期高点的一个交易日。

下面来看一下 2021 年 4 月 8 日的分时走势有何特别之处。

图 2-35 为赛力斯 2021 年 4 月 8 日的分时图。

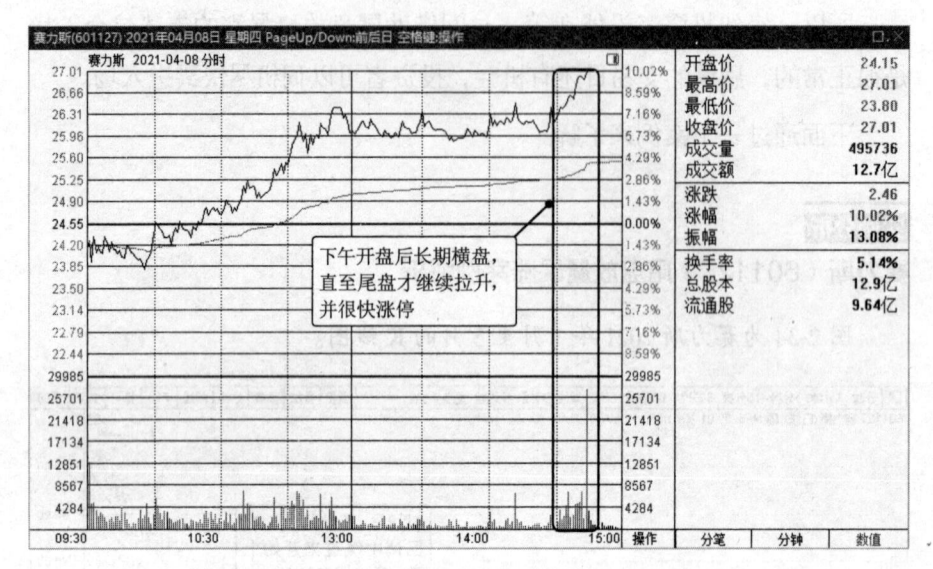

图中标注：下午开盘后长期横盘，直至尾盘才继续拉升，并很快涨停

图 2-35　赛力斯 2021 年 4 月 8 日的分时图

在 4 月 8 日的分时走势中，开盘后股价线形成的走势并不算积极，不过在 10:00 之后股价线开始表现出了山坡式的爬升，一个多小时后便来到了接近 26.00 元价位线的位置，随后横盘震荡。

在下午时段开盘后，股价线长期维持在该价位线附近的横盘整理。一直到尾盘成交量突然大幅放量，迅速将股价推至涨停板上，形成了尾盘巨量暴涨的形态。

虽然在进入尾盘之前股价已经十分接近涨停了，但短时间内该股大大加快的上涨速度依旧是不可否认的。再加上后续股价涨停后持续封板直至收盘及 K 线图中阳线突破前期高点的走势，该股后续的发展潜力不可小觑，没来得及在当日尾盘买进的投资者要准备好在次日跟进了。

第 3 章

低位建仓实盘演练

如何确定低吸位置，如何准确把握建仓点，相信投资者已经在前面两个章节中得到了答案。接下来，投资者还需要将理论知识融会贯通，将其应用到实战中来。本章就选取两只走势各有差别的个股，向投资者展示不同操作风格的短线投资者低吸实战是怎样的。

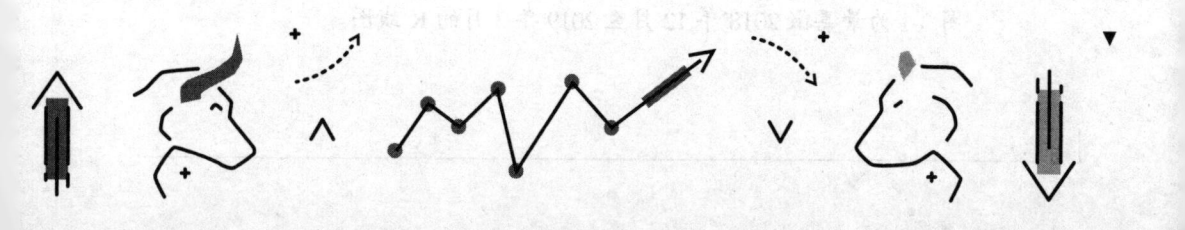

3.1 股价反转后就立即低吸

对于很多激进型投资者而言，反转形态的出现就意味着买进时机的到来，只有抓住时机第一时间低吸建仓才能更好地控制成本，从而增加此次操作的收益。

但显然，这样做的风险会比较大，一旦判断失误，投资者很容易被套在半山腰。除此之外，抄底买进之后，股价可能并不会立即转势向上，而是会在底部震荡一段时间后才正式上涨。因此，这种激进风格的操作策略更加适合风险承受能力强、持股时间比起普通短线投资者稍长、经验丰富且性格果断的投资者。

如果短线投资者在衡量过自己的能力和资金情况后，认为可以采用激进风格的操作策略，就继续跟着本节内容学习。下面以景嘉微（300474）的一段震荡上涨走势为例，向激进型投资者展示利用反转形态抄底入场的实战过程。

3.1.1 低位早晨之星反转

通过前面两章的学习投资者应该知道，在股价正式筑底之前，K线走势及技术指标与K线之间的关系可能会提前传递出预示信号，比如各种底背离。这些预示信号能够让激进型短线投资者提前做好准备，进而在筑底形态出现后立即跟进，增加抄底成功率。

下面就先来看一下景嘉微从长期下跌的行情中恢复过来时，会在接近底部的位置出现哪些预示形态和反转形态。

实例分析

低位早晨之星反转

图3-1为景嘉微2018年12月至2019年3月的K线图。

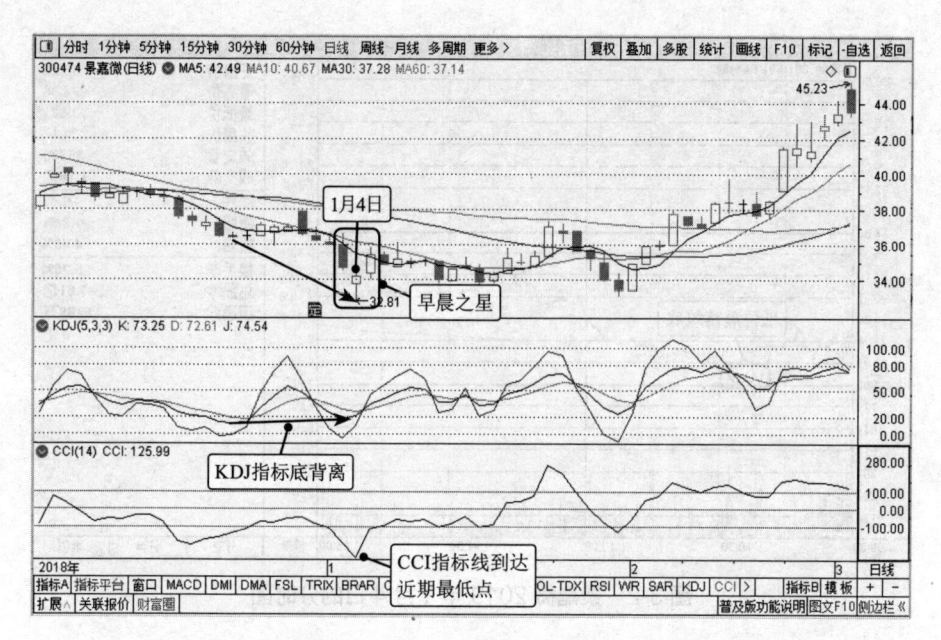

图 3-1 景嘉微 2018 年 12 月至 2019 年 3 月的 K 线图

从图 3-1 中可以看到，景嘉微的股价在 2018 年 12 月及以前都处于下跌行情之中，不过到了 12 月底股价已经接近底部了。因为在 K 线低点持续下移的过程中，KDJ 指标中的 K 曲线低点出现了上移，二者形成了底背离，提前传递出了反转信号。

因此，激进型短线投资者此时就可以对该股保持高度关注，在底背离出现后更是要仔细观察 K 线是否会形成反转形态。

反转形态确实出现了，在 2019 年 1 月初，K 线先是收出一根长实体阴线，向下跌破 36.00 元价位线后继续下行，次日就跳空形成一根实体较小的阳线，还带有较长的下影线。

不难看出，这正是早晨之星形成的前置条件，并且在底部出现的带有长下影线的小实体 K 线有其专属名称——锤头线，这同样是一种反转形态。除此之外，投资者还可以进入锤头线当日的分时走势中观察，看是否还存在其他的筑底形态。

图 3-2 为景嘉微 2019 年 1 月 4 日的分时图。

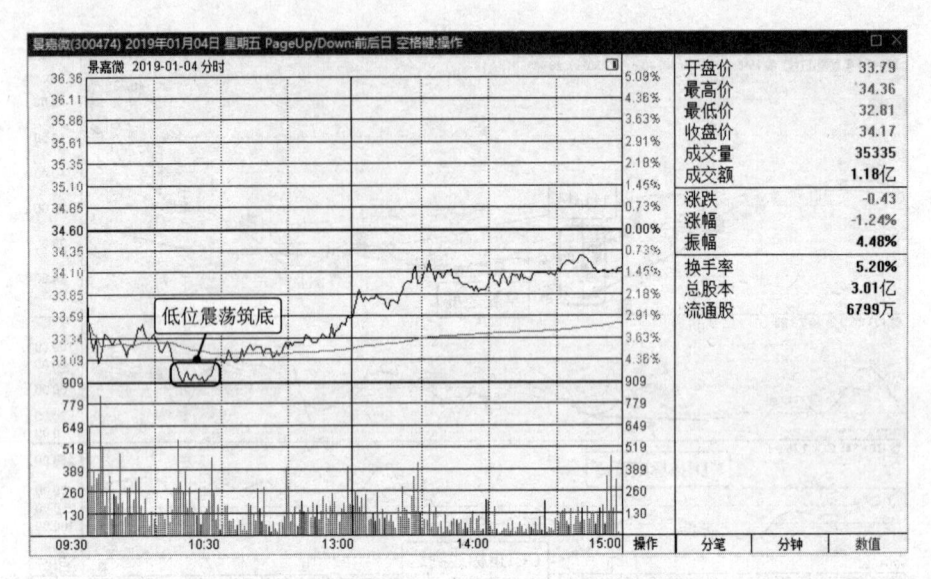

图 3-2 景嘉微 2019 年 1 月 4 日的分时图

1 月 4 日正是构成锤头线的当日，从其分时走势中可以看到，该股在开盘后就出现了震荡式的下跌，一直落到 33.09 元价位线上才暂时止跌，形成了半个多小时的横盘。

10:00 之后，股价线接连跌破均价线和 33.09 元的支撑线，跌到了最低 32.81 元后小幅回升，随后在低点附近形成了窄幅震荡筑底的形态。数十分钟后，股价线转势上升，回归到前期支撑线和均价线之上，并在回踩确认后持续上行，底部反转信号还是比较明显的。

将低位反复震荡的分时筑底走势与 K 线图中的 K 线形态结合来看，该股有就此见底回升的可能。不过这里还是建议投资者保持观望，看次日 K 线走势如何，是否能够形成早晨之星。

回到 K 线图中观察，该股在次日确实出现了继续上涨收阳的走势，并且实体与 1 月 4 日的实体之间形成了跳空，符合早晨之星的技术要求。

而且此时观察下方的 KDJ 指标和 CCI 指标，可以发现两个指标都出现了转折向上的形态，CCI 指标线还创出了近期新低，进一步证实了市场超跌反弹的可能。结合早晨之星和分时走势中的筑底形态，激进型短线投资者此时就可以立即跟进建仓了。

虽然该股在此之后没有立即上涨，但其回调形成的低点始终没有跌破前期低点，高点也在多次试探中长期均线，直至 2 月中旬将其突破，转入正式的上涨行情之中。

3.1.2 深度回调孤岛底反转

当景嘉微反转进入上涨行情之后，还会在上涨期间形成多次回调或震荡。这是很正常的，毕竟多空双方的买卖力度在不断变化、互相角逐，总有某些时刻是市场卖盘在占据主动，导致股价出现深度回调。

不过正是有这些深度回调存在，短线投资者才能借此进行高抛低吸的分段操作，压缩持股时间的同时也能尽量降低行情彻底反转后来不及转换的风险。

下面来看一下景嘉微一次深度回调底部的反转形态。

实例分析
低位孤岛底反转

图 3-3 为景嘉微 2019 年 7 月至 9 月的 K 线图。

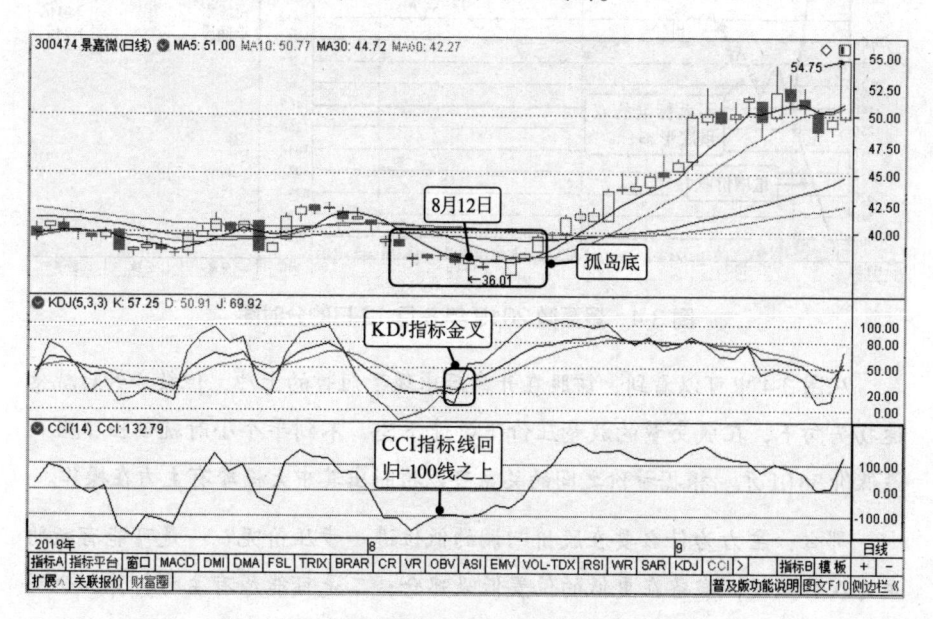

图 3-3 景嘉微 2019 年 7 月至 9 月的 K 线图

根据图 3-3 中的信息投资者可以发现，到了 2019 年 7 月股价虽然还处于深度回调之中，但整体已经上升到了 40.00 元价位线以上。再加上股价长期围绕均线组合横盘震荡，并未出现持续下跌的现象，股价就此反转下跌的可能性不大，所以，短线投资者还是有机会继续低吸做多的。

7 月底，股价反弹结束，继续回调落到了 40.00 元价位线下方。8 月初，K 线向下跳空后来到了 36.00 元价位线上，减缓跌势形成了横盘整理。在整理期间，K 线于 8 月 12 日收出了一根带长下影线的小阳线，形成又一根锤头线，释放出了触底反转的信号。

下面来仔细观察当日的分时走势如何。

图 3-4 为景嘉微 2019 年 8 月 12 日的分时图。

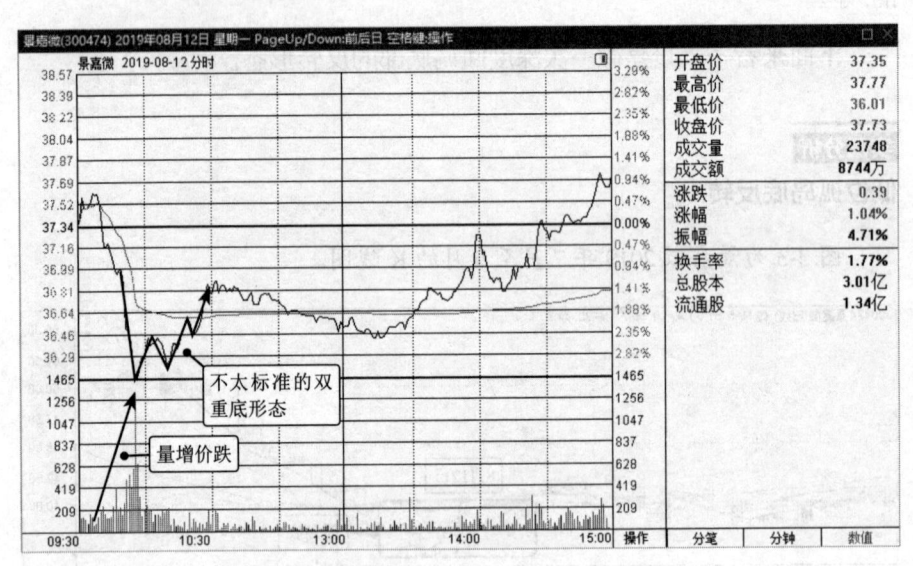

图 3-4 景嘉微 2019 年 8 月 12 日的分时图

从图 3-4 中可以看到，该股在开盘后出现了短暂的上冲，但数分钟后就急速拐头向下，在成交量的放量压价下迅速下坠，不到半个小时就创出了当日最低价 36.01 元。根据量价之间的关系可以推断出其中大概率有主力在操作。

那么，主力为什么要在股价回调的低位进一步压价呢？一是可能有新的主力入驻该股，准备在更低的位置低吸建仓；二是可能原有主力打算加仓买进，或是如短线投资者一样分段操作，在此低位重新建仓。

不过无论如何，在股价低位出手压价的操作一般都是在为后市的拉升做准备，投资者在注意到这一点后就要更加细致地观察后续走势。

继续来看 8 月 12 日的分时图，从中可以看到该股在创出近期低价后很快被拉起，向上接触到 36.46 元价位线后小幅回落，低点落到稍高于前期低点的位置便再度回升，彻底突破压力线，并在数分钟后来到了均价线上方。

不难看出，股价线此次构筑出的是一个不太标准的双重底筑底形态。虽然后续出现了回落，但下午时段开盘后不久股价就回归了积极的上涨，最终以 1.04% 的涨幅收出了一根锤头线。

结合前期量增价跌的主力操作痕迹及 K 线图中的低位筑底走势来看，该股此次的深度回调可能即将或已经见底。而且回到 K 线图中观察可发现此时的 KDJ 指标形成了一个回转向上的金叉，CCI 指标线也回归到了 -100 线之上，预示信号越发明显，投资者已经可以尝试着买进了。

继续看后面的走势。该股在 8 月 12 日之后依旧在低位横盘。不过 8 月中旬之后该股就出现了连续收阳上涨的走势，第三根阳线的实体还与前一根阳线的实体之间形成了跳空。将此次阳线跳空与 8 月初的阴线跳空相结合，构筑出的是一种被称作孤岛底的筑底形态。

而在此之后，股价也出现了积极上涨突破压力线的走势，更加证实了上涨行情的回归，也确认了投资者对于反转上行的推测。

3.1.3 指标底背离反转

不是所有回调底部都有 K 线反转形态出现，有时候股价就是单纯地转折向上，既没有提前预示，也没有刻意筑底。那么这时投资者就更需要依靠技术指标的底背离或是其他形态进行提前判断了。

下面来看景嘉微的下一次深度回调底部会出现哪些提前预示形态，投资者又该在何时买进。

实例分析
指标底背离反转

图 3-5 为景嘉微 2020 年 3 月至 7 月的 K 线图。

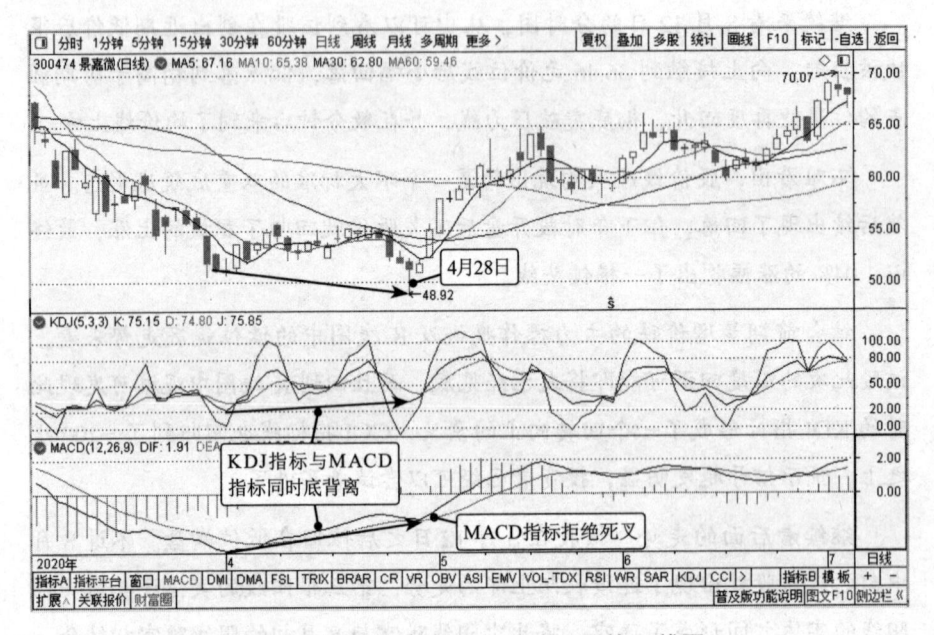

图 3-5 景嘉微 2020 年 3 月至 7 月的 K 线图

从图 3-5 中可以看到,景嘉微于 2020 年 3 月出现了深度回调,一个月后就跌到了 55.00 元价位线以下。即便如此,相较于上一个案例中的低点还是有明显上扬的,这证明整体的上涨行情还在延续。

3 月底到 4 月初这几个交易日,股价先是在 50.00 元价位线上方止跌企稳,然后开始缓慢上扬,但仍旧无法突破 55.00 元价位线的压制,最终于 4 月下旬再度下行。4 月 28 日,K 线收出了一根带长下影线的小实体阴线,显然也属于锤头线,而且低点也跌破了 50.00 元价位线,相较于 4 月初的低点有明显的下移。

但此时来观察 MACD 和 KDJ 指标会发现,无论是 KDJ 指标中的 K 曲线低点还是 MACD 指标线的低点都出现了一定程度的上移,尤其是 MACD 指标线,低点上移的幅度非常大,两大指标与 K 线同时形成了明显的底背离。

双指标底背离加上锤头线的反转预示信号，证明股价有可能很快出现反转走势。此时投资者若进入锤头线当日的分时走势中观察，还会有更进一步的发现。

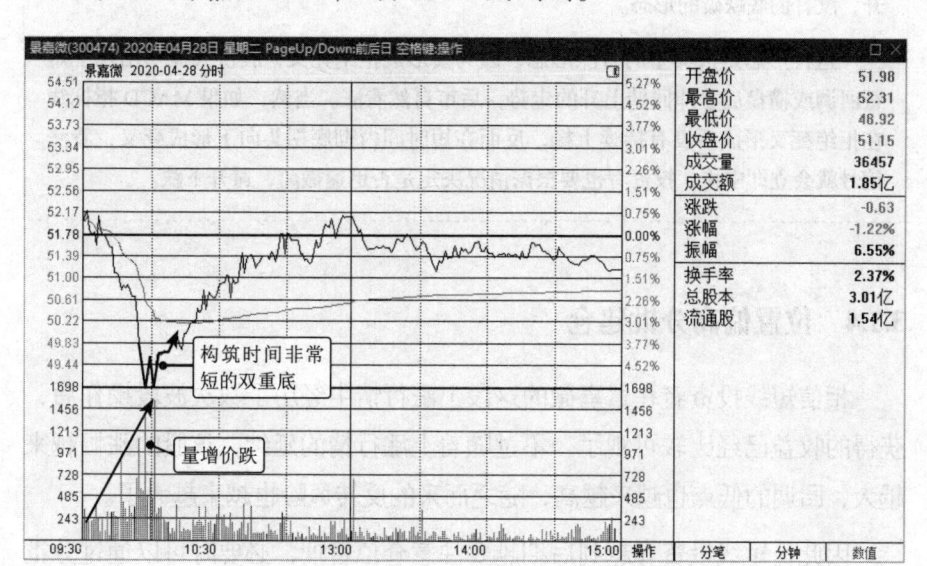

图 3-6 为景嘉微 2020 年 4 月 28 日的分时图。

图 3-6　景嘉微 2020 年 4 月 28 日的分时图

从图 3-6 中可以看到，该股在开盘后就受到了成交量明显的放量压制，出现了持续性的下跌，直至落到最低 48.92 元上才形成短暂的震荡止跌。而在短短数分钟内，股价线就完成了一个低位双重底的构筑，并且在后续出现了涨速极快的回升走势，筑底信号十分明显。

因此，即便当日 K 线收出的是阴线，投资者也能大致判断出底部的到来，进而迅速准备好资金，根据次日的走势决定买进时机。

回到 K 线图中观察，可以发现该股在后续出现了连续的收阳，不仅成功突破了 55.00 元价位线的压制，还带动 KDJ 指标形成金叉上行。与此同时，MACD 指标也形成了一个拒绝死叉形态，传递出了明显的买进信号，短线投资者要抓住时机迅速低吸入场。

> **拓展知识** *MACD指标拒绝死叉的具体技术形态*
>
> MACD指标的死叉指的是DIF自上而下跌破DEA形成的交叉形态，拒绝死叉顾名思义就是DIF向下靠近DEA，看似即将跌破，但只是刚好接触到就继续上升，没有彻底跌破的形态。
>
> 这种形态是很典型的看涨形态，因为要形成拒绝死叉，股价大概率出现了短暂回调或横盘后立即回转上升的走势，后市自然看涨。当然，如果MACD指标线在拒绝死叉形成后没有持续上扬，反而在短时间内彻底拐头向下形成死叉，看涨信号就会立即中止，投资者也要根据情况决定是否迅速撤离，避开下跌。

3.1.4 位置偏高分批建仓

相信短线投资者在景嘉微的这段上涨行情中经历了数次波段操作后，获得的收益已经比较可观了。不过随着上涨行情的延续，该股的涨幅越来越大，回调的低点也越来越高，随之而来的反转风险也越来越大了。

因此，短线投资者越到后期越要注意仓位管理，必要时可以通过分批建仓的方式来分散风险。

下面来看一下景嘉微又一次深度回调底部的情况。

实例分析
位置偏高分批建仓

图3-7为景嘉微2020年9月至2021年1月的K线图。

从图3-7中可以看到，景嘉微在2020年9月又进行了一次深度回调。到了10月下旬股价跌到60.00元价位线上企稳，然后形成了横盘整理的走势。

11月2日，K线大幅收阴下滑，当日的大阴线向下跌破了60.00元价位线的支撑，低点也有了明显的下移。但观察KDJ指标和CCI指标可以发现，在股价低点下移的同时，两个指标的低点都出现了上移，同时与股价形成了底背离形态。

显然，这是一种反转的提前预示信号。不过11月2日的K线不具有如

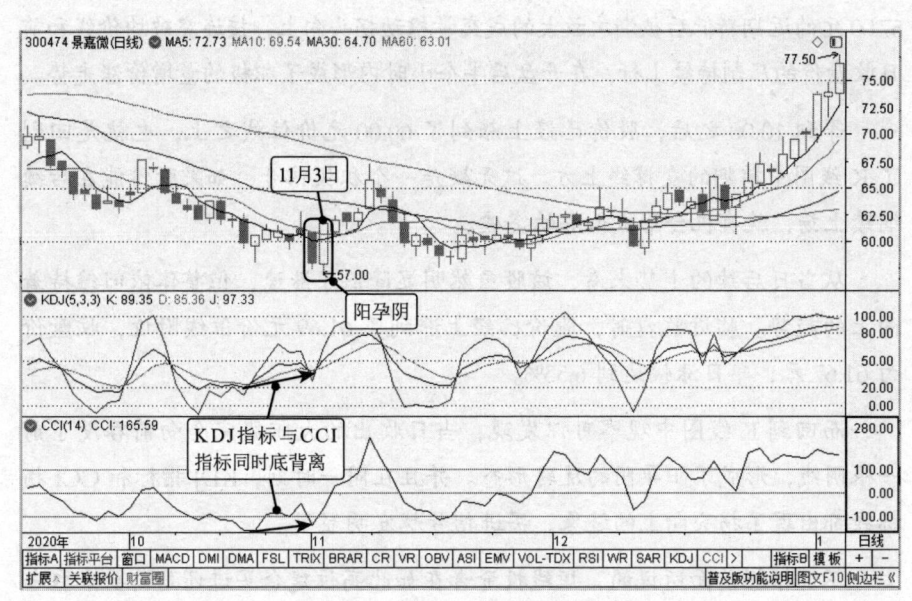

锤头线那样明显的筑底迹象，所以，投资者最好继续观察次日的走势。

图 3-7　景嘉微 2020 年 9 月至 2021 年 1 月的 K 线图

下面直接进入 11 月 3 日的分时走势中分析。

图 3-8 为景嘉微 2020 年 11 月 3 日的分时图。

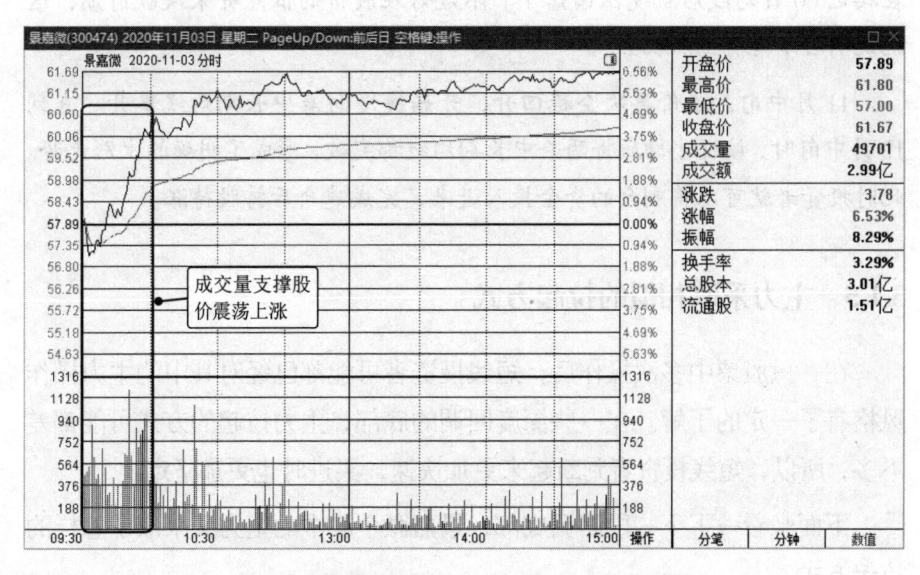

图 3-8　景嘉微 2020 年 11 月 3 日的分时图

从 11 月 3 日的分时走势可以看到，该股在开盘后出现了短暂的下跌，创出 57.00 元的近期新低后被渐次放大的成交量推动拐头向上，接连突破均价线和前日收盘价的压制持续上行，在开盘后半个小时内形成了积极的量增价涨走势。

等到 10:00 之后，股价已经上涨到了 60.00 元价位线之上，也就是回到了 K 线图中前期的支撑线上方。这无疑是一个积极信号，如果股价能在后续继续上扬，就有机会形成彻底的突破。

从当日后续的走势来看，该股虽然明显降低了涨速，但整体依旧维持着向上的趋势。临近收盘时，股价已经上涨到了 61.69 元价位线附近，收盘价为 61.67 元，单日涨幅达到 6.53%。

而回到 K 线图中观察可以发现，当日收出的大阳线完全向前吞没了前一根阴线，形成了阳孕阴的反转形态。并且在同一时刻，KDJ 指标和 CCI 指标线都出现了拐头向上的迹象，买进信号越发明显了。

不过根据前面所说的，短线投资者在如此高位建仓买进还是需要采取一定的风险分散措施，比如分批建仓。那么在此处投资者就可以半仓或 1/3 仓投入，再根据后市走向决定下一批买进的时机。

从后续的走势可以看到，该股在此之后确实出现了一定幅度的上升，但在接近 60 日均线后就受阻回落了。不过好在股价的低点并未跌破前期，这就说明后市还有上涨机会。

11 月中旬，股价再次企稳回升，开始缓慢向着中长期均线攀升。直到 12 月中旬时，该股才彻底将两条中长期均线都突破，形成了明确的上涨走势。此时投资者就可以将剩余的资金投入进来，完成建仓后持股待涨。

3.1.5 主力采取相似的拉起方式

在一只股票中多次操作后，短线投资者可能都已经对其中的主力操作风格有了一定的了解。在一些深度回调的底部，主力拉起的方式可能都差不多，所以，短线投资者判断起来更加快速，买进时也更加坚定。

下面来看一下下一段回调底部，景嘉微个股中的主力又采取了怎样的拉起方式。

实例分析
熟悉的拉起方式助力投资者建仓

图 3-9 为景嘉微 2021 年 3 月至 6 月的 K 线图。

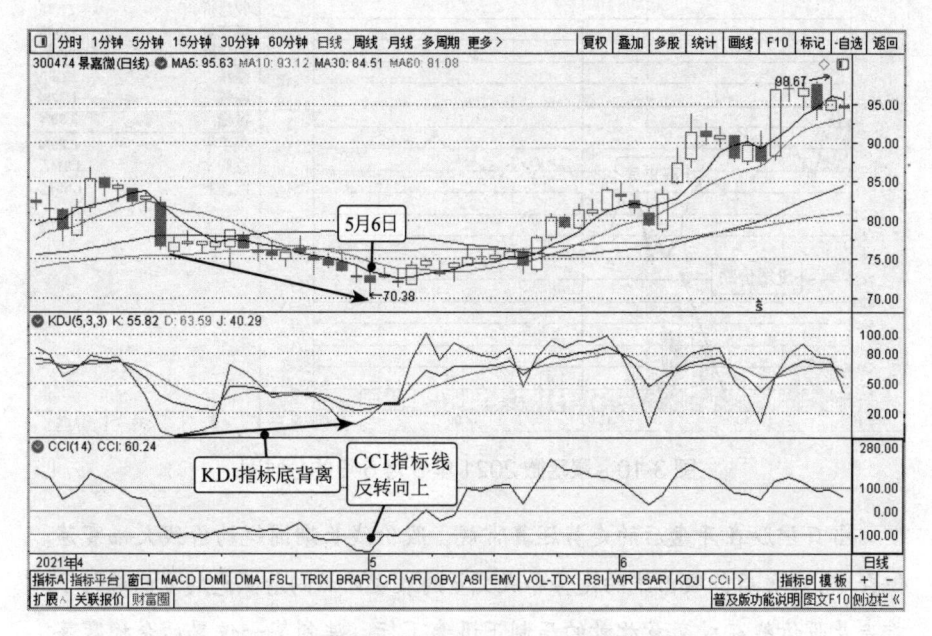

图 3-9　景嘉微 2021 年 3 月至 6 月的 K 线图

从图 3-9 中可以看到，景嘉微的股价在 2021 年 4 月初已经上涨到了 85.00 元的高位，相较于上涨初始的 34.00 元价位线左右，涨幅约为 150%。

不过该股在该价位线处也受到了阻碍形成回调，逐步下跌到了 75.00 元价位线附近，在其支撑下横盘一段时间后最终将其跌破，K 线逐渐收阴靠近更低的 70.00 元价位线。

这时观察 KDJ 指标，可以发现在股价低点下移的同时，KDJ 指标中的 K 曲线低点虽然没有太大变化，但 J 曲线低点有了明显上移，同样与 K 线形成了底背离形态。

除此之外再看底背离形成后 5 月 6 日的 K 线，可以发现它又是一根带长下影线的小实体阴线，也就是锤头线。如此熟悉的"背离 + 锤头线"组合，立即让投资者联想到了 2019 年 8 月中旬和 2020 年 4 月底的两次反转走势。而根据这两次的经验，5 月 6 日的分时走势应当也包含了不少信息。

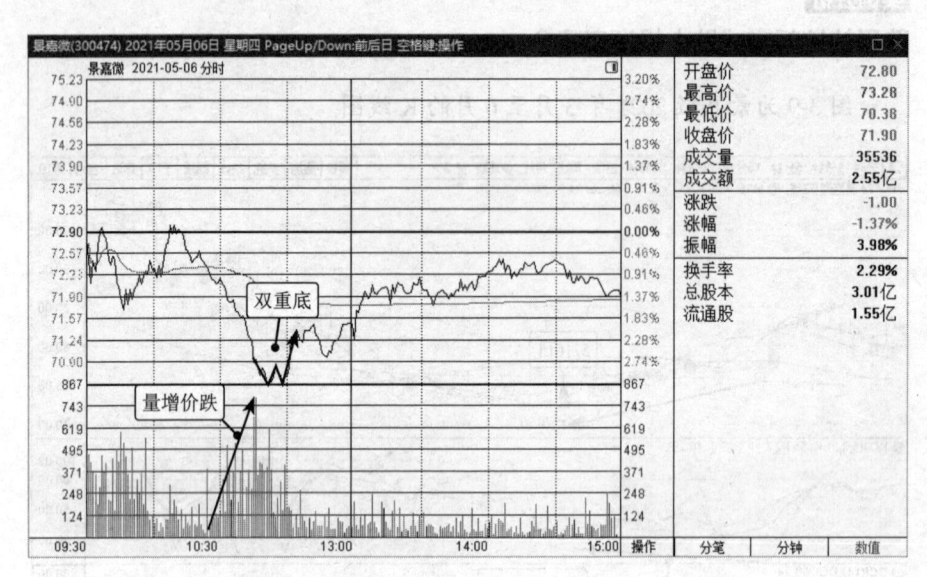

图 3-10 为景嘉微 2021 年 5 月 6 日的分时图。

图 3-10 景嘉微 2021 年 5 月 6 日的分时图

当日该股在开盘后的走势还算常规，股价线长期围绕均价线大幅震荡。但在 10:30 之后，股价线的走势和成交量的表现开始向着熟悉的方向进行了。首先是股价线在成交量放量的压制下迅速下行，跌到某一位置后企稳震荡，数分钟后形成了一个双重底形态筑底回升，最终上升至均价线上方收盘。

这样的走势几乎与前面两次一模一样，而在前面两次，股价都很快出现了反转的走势。那么此时短线投资者就完全可以借助前期经验直接抄底买进，等待上涨的到来。

回到 K 线图中观察后面的走势，可以发现该股确实在几个交易日后就出现了低点上移的走势，并于 5 月下旬彻底突破中长期均线的压制，回归上涨之中，证实了投资者前期的推测。

3.2　上涨确定后再跟进

确定上涨趋势后再跟进的操作策略是谨慎型短线投资者常用的，这种策略虽然不能像抄底那样将持股成本压缩到极致，但相对的风险性也会降低很多。

除此之外，待到上涨确定后再买进的方式不需要投资者时刻紧盯盘面变化，也不需要投资者拥有多强的预判和分析能力，操作难度比起抄底来说降低了不少。再加上其风险较低的特性，许多短线投资者更青睐于谨慎型操盘。

但需要注意的是，因为投资者无法准确判断个股的拉升高度，因此，很有可能在借助谨慎型买点跟进数日后就发现拉升见顶了，投资者又要很快卖出。这也是谨慎型策略的弊端，投资者在实战时需要自行衡量，把握买进的位置。

下面就借助新易盛（300502）的一段上涨行情，向谨慎型投资者展示如何确定上涨趋势，又该在何处介入。

3.2.1 注意观察前期预示信号

专注于在上涨趋势确定后买进，并不意味着短线投资者不需要关注低位反转的信号。通过前期预示形态或是底部筑底形态确定底部的出现，才是谨慎型投资者分析的第一步，这一点不能忽视。

确定好底部后，谨慎型投资者就可以开始准备资金了，同时做好仓位管理计划，是分批建仓还是一次投入，是半仓买进还是重仓介入，都需要谨慎型投资者提前规划。

下面就来看新易盛在经历一段时间的下跌后反转向上时，会形成哪些反转和突破形态。

实例分析
下跌预示信号很重要

图 3-11 为新易盛 2022 年 9 月至 11 月的 K 线图。

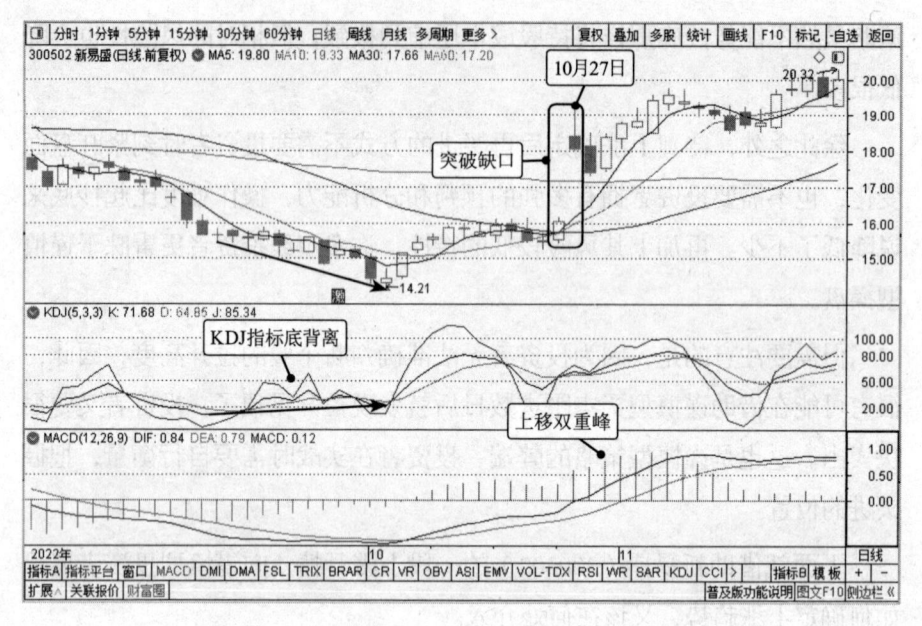

图3-11 新易盛2022年9月至11月的K线图

先来看新易盛前期的下跌走势，从图3-11中可以看到，该股在2022年9月的跌势是比较稳定的，并且还呈现出了阶梯式的下跌。9月中旬，股价跌至16.00元价位线下方后暂时止跌横盘，不久之后继续下跌，很快便来到了15.00元价位线之下。

而在股价低点渐次下移的同时，下方的KDJ指标中K曲线的低点却出现了一定程度的上移，二者形成了底背离的反转预示形态。MACD指标尽管没有同步底背离，但DIF也出现了明显走平，这也是一种背离。

因此，单凭这一点投资者就可以基本判断出底部即将形成，进而再对盘面进行更进一步的分析。

10月中旬，股价创出了14.21元的新低后反转回升，收出大阳线。观察底部的三根K线可以发现，它们构筑出了一个不太标准的早晨之星形态（中间的小阳线实体没有与阴线形成跳空）。KDJ指标和MACD指标也双双在回升过程中出现了金叉上行走势，进一步证实了短期上涨的到来。此时，谨慎型投资者就要开始做准备了。

10月中旬，股价上涨接触到30日均线后受阻横盘，但低点始终没有跌下10日均线，未来变盘向上的概率还是很大的。这时，MACD指标中的DIF已经运行到了DEA之上，MACD柱状线也完成了转红，不过因为股价涨势减缓，MACD红柱有些缩短。

10月27日，K线大幅跳空向上收出了一根小实体阴线。不过当日K线与前日阳线之间的跳空缺口极大，阴线直接突破到了18.00元价位线上方，越过了16.00元价位线、30日均线和60日均线三条压力线。显然，这属于突破缺口，而且也预示着上涨即将到来。

在两个交易日的收阴整理之后，该股于10月31日再度拉升向上，这时候谨慎型投资者的机会就来了。

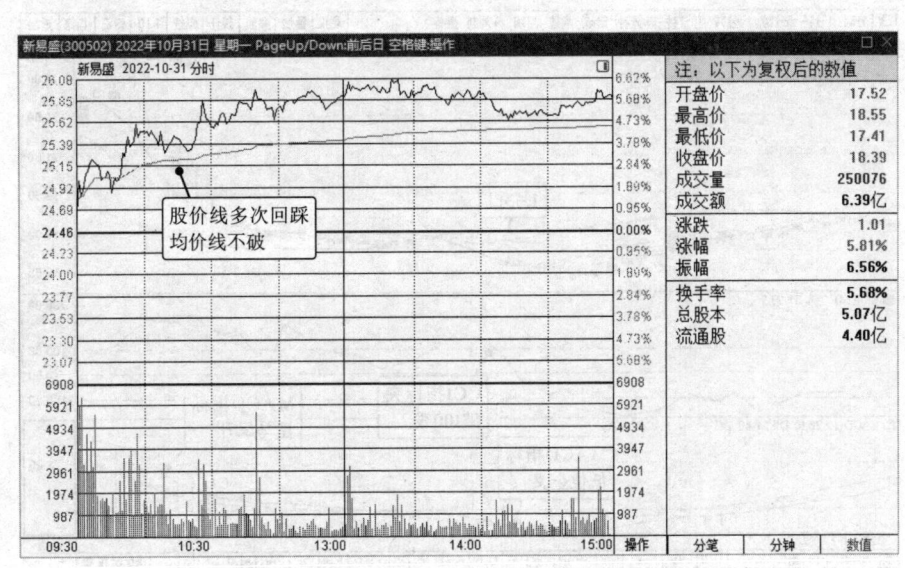

图3-12为新易盛2022年10月31日的分时图。

图3-12　新易盛2022年10月31日的分时图

从当日的分时走势中可以看到，新易盛在开盘后就出现了震荡上涨的走势，成交量也有分批放量推涨。不过由于量能放大并不充分，股价线多次形成了对均价线的回踩，但均价线都支撑住了，没有被有效跌破过。

随着交易的进行，股价线与均价线之间的乖离越来越大，说明上涨趋势正在逐渐稳定下来，谨慎型投资者可以伺机买进，持股待涨了。

3.2.2　指标提示信号买进

单纯观察 K 线走势无法寻找到或是无法确定合适的买进时机时，投资者还可以借助技术指标进行分析。比如 KDJ 指标和 MACD 指标的金叉、CCI 指标线对超买超卖线的突破等。

下面来看一下在新易盛的一次深度回调低位，技术指标会给出怎样的提示。

实例分析
多指标提示信号买进

图 3-13 为新易盛 2022 年 11 月至 2023 年 2 月的 K 线图。

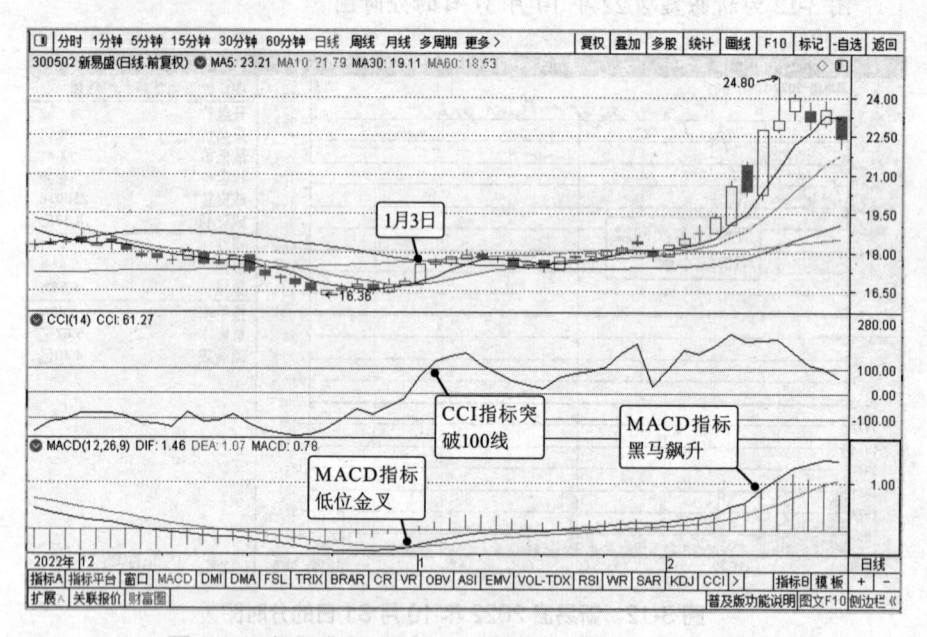

图 3-13　新易盛 2022 年 11 月至 2023 年 2 月的 K 线图

从图 3-13 中可以看到，到了 2022 年 12 月，股价已经出现了深度回调，30 日均线受此影响彻底转势下行并压制在 K 线上方。不过 60 日均线仅走平，并未出现转折迹象。

12 月中旬，K 线连续收阴将 60 日均线跌破后很快就在 16.50 元价位线上止跌横盘，随后开启了缓慢的上涨走势。

此时来观察下方的两个指标，可以发现 CCI 指标从 −100 线以下跟随上行，很快便来到了常规运行区域内，并有持续上扬的趋势。而 MACD 指标的 DIF 则是逐步走平，与 DEA 的距离拉进，使得 MACD 绿柱开始抽脚，预示着反转可能即将到来。

2023 年 1 月 3 日，股价踩在 5 日均线和 10 日均线上开始了快速的上涨，向谨慎型投资者传递出介入信号。

下面来看一下当日的分时走势。

图 3-14 为新易盛 2023 年 1 月 3 日的分时图。

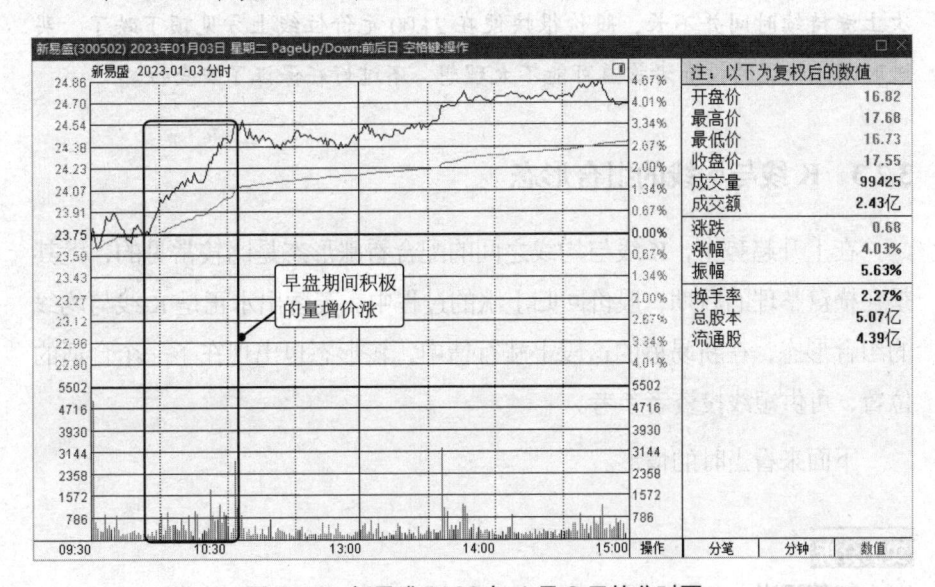

图 3-14　新易盛 2023 年 1 月 3 日的分时图

从 1 月 3 日的分时走势来看，股价涨势最迅猛的一段在 9:50 到 10:40。不仅股价线上升趋势稳定积极，成交量放量的持续性也很好，在半个多小时的量增价涨的推动下，股价很快就来到了比较高的位置。

虽然此后股价涨势明显减缓，但在下午时段开盘后，价格很快回归上升，最终以 4.03% 的涨幅收出了一根长实体阳线。

回到 K 线图中观察，可以发现 MACD 指标和 CCI 指标都在当日出现了积极形态。MACD 指标在零轴之下形成了一个低位金叉，CCI 指标则是成功突破到了 100 线之上，传递出明确的短期看涨信号。

此时，谨慎型投资者就可以尝试着跟进了，没来得及在当日介入的还可以等待后续机会。

从 K 线走势可以看到，该股在上涨到 60 日均线附近后受阻形成了一段时间的横盘整理，直到 1 月底才开始继续上涨。而在此期间，MACD 柱状线早已转红，并且在股价继续上涨的带动下明显拉长，支撑着 DIF 迅速上行，形成了黑马飙升的形态。

此时，还没有介入的谨慎型投资者就可以立即跟进建仓了。不过由于此次上涨持续时间并不长，股价很快便在 24.00 元价位线上方见顶下跌了，买进时间比较迟的投资者收益可能不太理想，不过好在保证了安全性。

3.2.3　K 线与均线的组合形态

在上升趋势中，K 线与均线之间的配合看涨形态是比较常见的，尤其是在横盘整理的后期，股价回归上涨的过程中。芙蓉出水正是 K 线与均线的组合形态，在新易盛的这段上涨行情中，该形态也出现在了一个合适的位置，可供短线投资者参考。

下面来看当时的情形。

实例分析
出水芙蓉跟进

图 3-15 为新易盛 2023 年 2 月至 4 月的 K 线图。

从图 3-15 中可以看到，股价从 2023 年 2 月初就出现了横盘整理走势，K 线长期在 25.00 元价位线下方窄幅波动，导致均线组合逐渐黏合在一起。此时的 CCI 指标和 MACD 指标的走势也都不太乐观，短线投资者应当以撤离观望为主。

一直到 3 月中旬，股价创出 20.98 元的阶段新低后才开始连续收阳回升。

但刚开始的涨速太慢，投资者都很难将其与前期的窄幅震荡区分开来。

  但观察CCI指标可以发现，就在股价创新低的同时，CCI指标迅速下行跌破了-100线，并随着股价的收阳而迅速拉起，回归到了常规运行区域内。这就说明该股当时有触底反弹的可能，不过在涨势还未完全确定的情况下，谨慎型投资者还是不要轻举妄动。

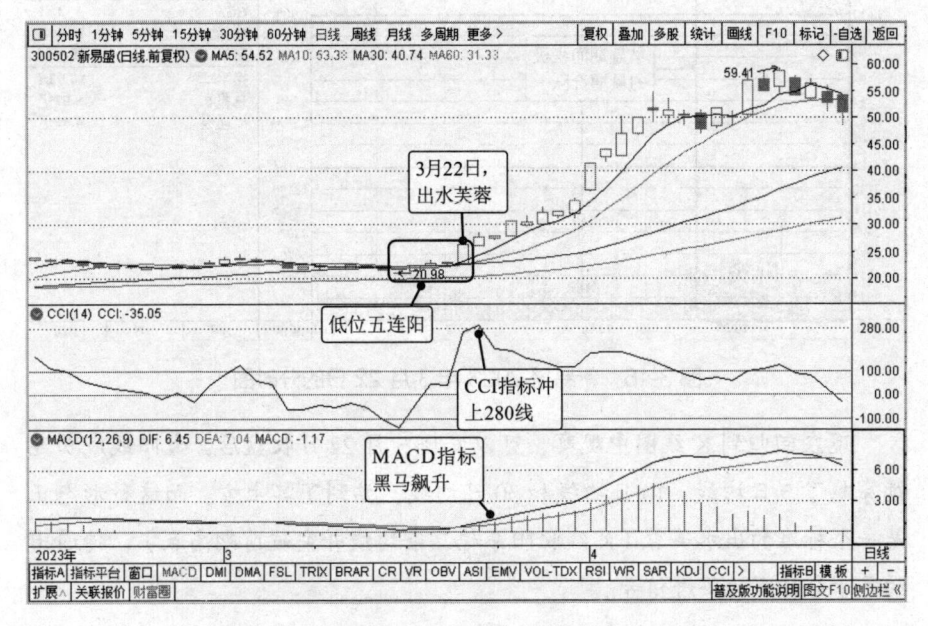

图3-15　新易盛2023年2月至4月的K线图

  3月22日，股价突然出现了大幅拉涨，使得K线在开盘后不久就形成一根长阳线突破到了均线组合之上。

  下面来看当日的分时走势。

  图3-16为新易盛2023年3月22日的分时图。

  从图3-16中可以看到，当日该股在开盘后就出现了十分积极的上涨，并且稳定性极好。随着时间的推移，股价线与均价线之间的乖离率越来越大，成交量集中放量的幅度也在增大，整体形成了量增价涨的积极走势。

  虽然10:30之后的股价涨速有所减缓，但当日收盘时，单日涨幅也达到了惊人的15.35%（该股是在创业板上市的，单日涨跌幅限制为20%）。投资

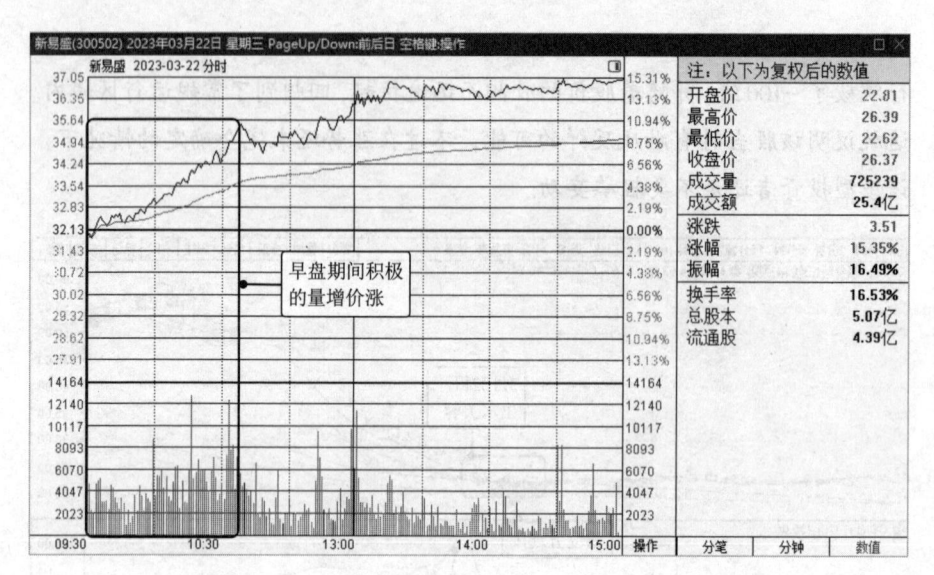

者即便是在当日做 T+0 超短线交易，都可以获得极为可观的收益。

图 3-16　新易盛 2023 年 3 月 22 日的分时图

现在回归到 K 线图中观察，可以发现 3 月 22 日收盘后，大阳线成功连续穿越了 5 日均线、10 日均线和 30 日均线，站到了其上方。而这种形态正是一个标准的出水芙蓉（K 线收阳穿越三条均线并突破前期高点），传递出的是十分强烈的买进信号。

除此之外，在出水芙蓉形成后，MACD 指标和 CCI 指标都出现了急速的拉升。MACD 指标形成了黑马飙升，CCI 指标直接突破到 280 线之上，表示出市场坚定推涨的决心。此时，反应快的投资者已经在 3 月 22 日收盘之前就买进了，没来得及在出水芙蓉当日介入的，也可以在后续的收阳上涨过程中迅速跟进，持股待涨。

3.2.4　分时午盘拉升跟进

在本章前述的许多借助各种形态和信号低吸的示例中，几乎都只是将分时走势当作辅助分析和确定买点的工具。但在有些时候，特殊的分时走势却能够起到决定性的作用，尤其是在 K 线和其他技术指标都没有出现能够一锤定音的看涨形态时，特殊分时走势就成了研判的关键。

下面来看一个具体的案例。

实例分析

分时午盘拉升跟进

图 3-17 为新易盛 2023 年 4 月至 7 月的 K 线图。

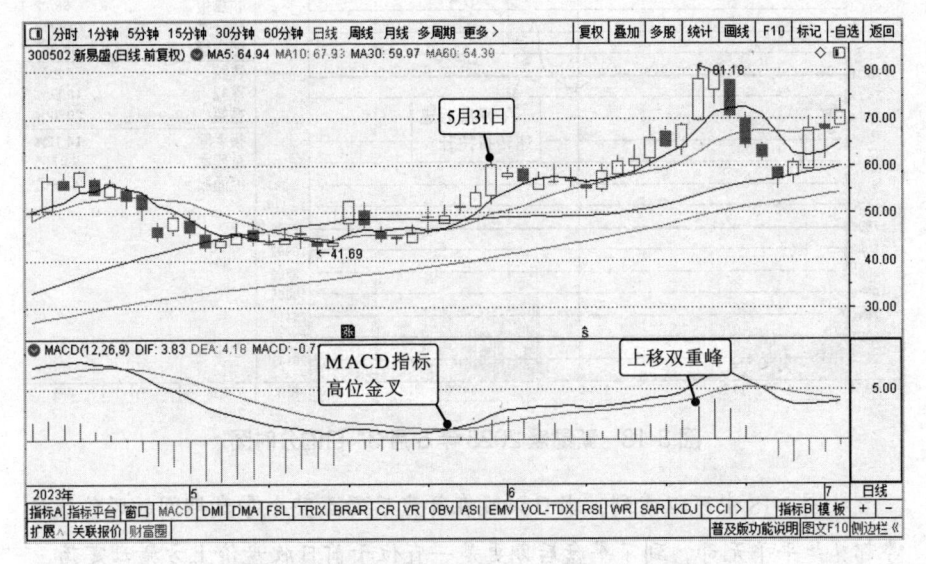

图 3-17　新易盛 2023 年 4 月至 7 月的 K 线图

从 K 线图中新易盛的表现可以看到，该股在 2023 年 4 月上涨至 60.00 元价位线下方后明显受阻滞涨，数日之后就开始转势下跌形成回调。

5 月初，该股跌至 40.00 元价位线上方后暂时止跌企稳，开始横盘震荡。整个震荡区间基本上是以 40.00 元价位线为底，以 50.00 元价位线为顶。该股后市能否突破 50.00 元价位线的压制，就成了短线投资者是否决策跟进的关键。

5 月中旬，该股收出一根向上跳空的大阳线，当日确实是成功突破了压力线，但在次日 K 线就收阴回落了，显示突破无效，投资者依旧需要观望。

一段时间后股价再次上冲，这一次不仅成功突破了 50.00 元价位线，还越到了 30 日均线之上并持续上扬，MACD 指标也形成了一个高位金叉，传递出了拉升即将到来的信号。这一信号在 5 月 31 日得到了更加明确的验证。

下面来看当日的分时图。

图 3-18 为新易盛 2023 年 5 月 31 日的分时图。

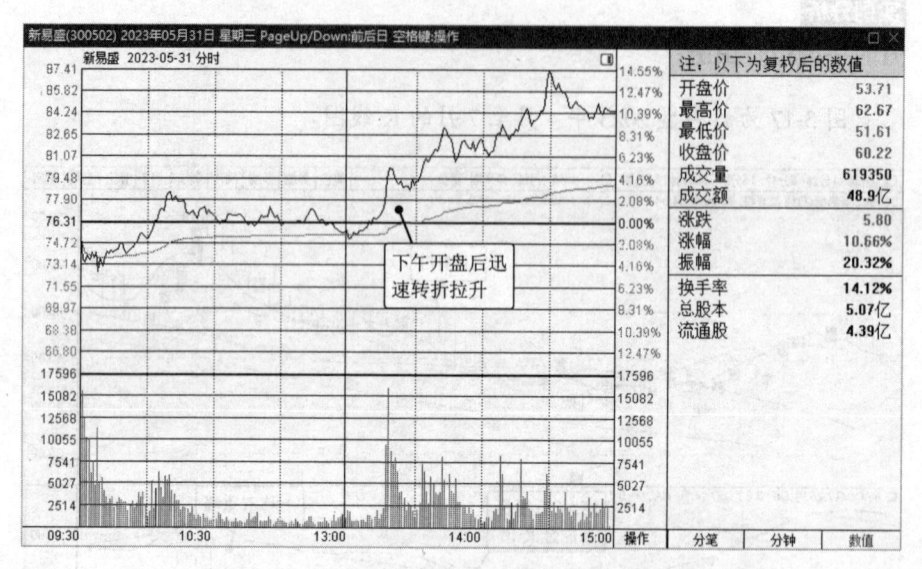

图 3-18　新易盛 2023 年 5 月 31 日的分时图

从图 3-18 中可以看到，当日该股在开盘后乃至整个早盘期间的股价线走势都算是平平无奇，到了早盘后期更是一直位于前日收盘价上方横盘震荡。

但在下午时段开盘后，股价线有了显著的变化。在成交量的急速放量推动下，股价线在十几分钟后大大加快了涨速，呈现出迅速转折拉升的走势。而根据第 2 章中特殊时段的特殊量价走势来看，该形态属于典型的主力拉升表现，意味着股价即将上涨，投资者完全可以借机跟进。

不过由于该股在上涨进入尾盘后出现了小幅回落，后续的股价走势是否能够延续涨势还未可知，下面回到 K 线图中探讨。

从 K 线后续的走势可以看到，该股在 5 月 31 日之后没有立即上涨，而是在 60.00 元价位线，也就是前期高点的压制下横盘了一段时间，最终于 6 月中旬才完成突破。而在 K 线突破压力线的同时，MACD 指标也形成了一个上移双重峰，进一步证实了上涨信号，此时还未买进的投资者要尽快入场了。

第 4 章

确定整体趋势上行

完成低吸建仓后,短线投资者还可以在后续的上涨过程中伺机加仓,以增加后市获利筹码。与低吸一样,加仓追涨也是有技巧的,不同操作风格的投资者也会存在对买点判定的差异性认知。不过在此之前,短线投资者首先要确定上涨行情的持续性,然后才能进一步加仓。

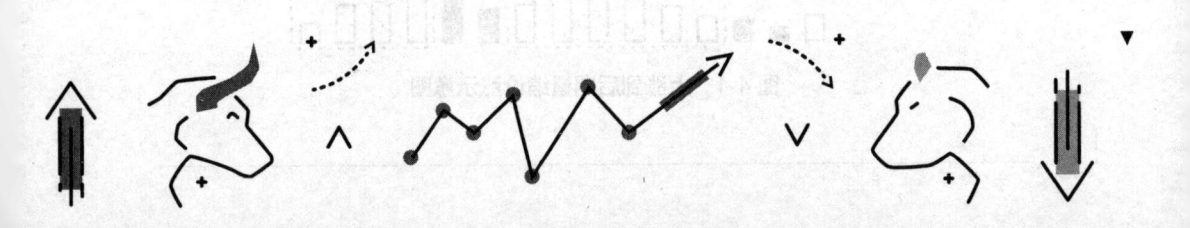

4.1 暴涨行情分析起止点

暴涨行情一般指的是短时间内涨速极快，或是能维持长期稳定上涨趋势的行情。在这种行情中进行短线操作不仅收益高，风险也比长期震荡的行情要小，因此，是大多数投资者都愿意尝试的。

不过涨势越是迅猛的行情，越难维持更长时间，一是因为市场中会积累大量获利盘，这些卖盘的持续抛售会影响到股价的持续拉升；二是要维持暴涨走势，买盘需要源源不断地注入资金，但即便是资金雄厚的主力也不能保证能够扛着巨大的抛压长期注资，保持住强势上涨。

因此，暴涨行情一般是有时限的，同时股价也会在上涨过程中通过反复的回调来缓解压力。对于想要追涨的短线投资者来说，要想借助暴涨行情获利，就需要学会判断暴涨行情的起止点，避免在错误的位置追涨。

下面就来介绍一些实用的判断技巧。

4.1.1 看量能变化情况

这里的量能变化情况主要指的是K线图中的。在常规情况下，股价的快速上涨需要成交量形成放量支撑，因此，会构筑出量增价涨的形态。这种形态下的涨势是比较好的，短线投资者追涨买进也没有太大问题。

但如果股价上涨到后期时成交量开始出现缩减，导致量增价涨转变为了量缩价涨，那么这波涨势可能很快就要到头了，如图4-1所示。

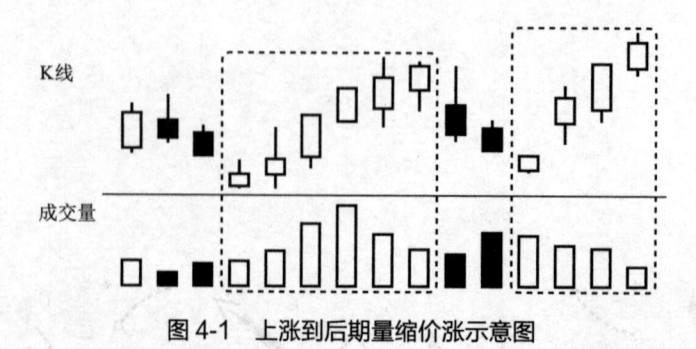

图4-1 上涨到后期量缩价涨示意图

至于为什么涨势即将到头，究其根本，还是买卖双方的力度问题。

首先，成交量的缩减意味着市场中买卖盘之间的交易量在降低。但股价没有随之下跌，反而形成了上涨，就意味着市场中买方更加强势，愿意介入的投资者非常多，导致形成价格竞争，买方不断抬价试图买进。

但伴随着股价的上涨，市场中的投资者意识到了继续持股的好处，愿意卖出的投资者逐渐减少。在卖盘数量无法满足买盘需求的情况下，交易量就会逐渐减少，从而造成量缩价涨。

然而这种状态不可能一直持续下去，因为随着股价的不断增高，持仓成本的上升会让越来越多的投资者放弃追涨，买盘注资的力度逐渐变小。

在这种情况下，股价上涨的速度就会越来越慢，也就使得更多的场内投资者开始借高卖出兑现收益。等到卖盘抛压逐渐增大，愿意承接的买盘又在减少，就会导致卖盘互相竞争压价，股价转而快速下跌。

由此可见，这完全属于一种链式反应，也是多数散户在参与投资时的心理变化过程。不过其中没有考虑主力的因素，如果有主力参与，可能情况也会有所不同，投资者还是需要根据实际情况来分析。

下面就通过一个案例来分析量增价涨转变为量缩价涨后股价的具体走势。

实例分析
中孚信息（300659）上涨到后期量缩价涨

图 4-2 为中孚信息 2022 年 9 月至 12 月的 K 线图。

来看中孚信息的这段上涨走势，可以发现从 2022 年 10 月初股价摆脱前期下跌走势后，短期的涨速就非常快。第一波拉升在 10 月初，股价连续收出阳冲上了 30 日均线，期间成交量也出现了配合的放量。这就是一次常规的低位拉升，投资者是可以跟进的。

到了 10 月下旬，股价结束横盘再度拉升。K 线连续收出多根大阳线，实体长度远超前期，自然短期涨速也远高于前期。

此时观察成交量可以发现，在前面三个交易日量能都跟随出现了巨幅放大，完全能够支撑起短期的暴涨，短线投资者也可以趁机追涨。但在第四个交易日，量能就出现了明显的回缩，而当日的阳线实体却是近期最大的，量价之间显然出现了背离。次日量能虽有放大，但高点依旧低于前期峰值，整体来看依旧是缩减的。

由此可见，量价之间的关系由量增价涨转变为了量缩价涨。根据理论分析，投资者应当立即停止追涨，转而留在原地观望，等待后续发展。

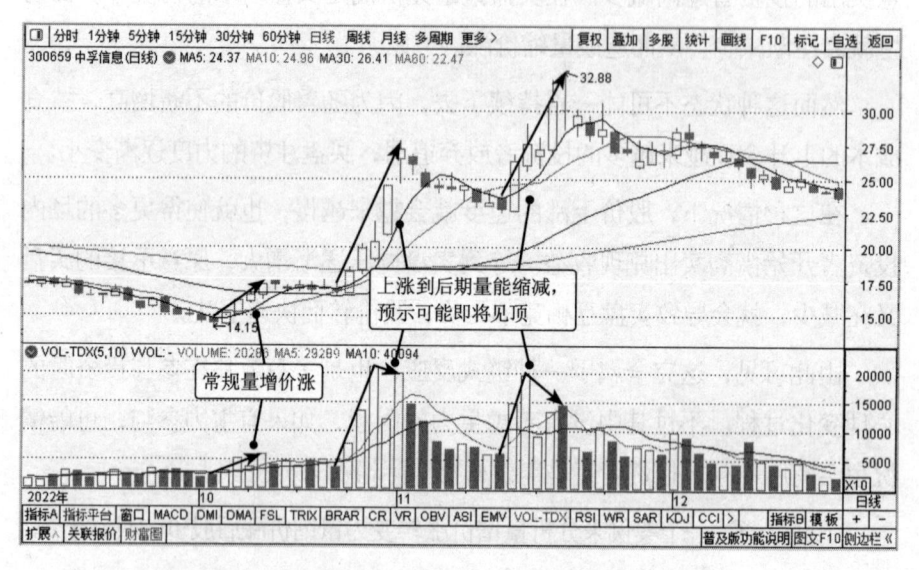

图 4-2 中孚信息 2022 年 9 月至 12 月的 K 线图

继续来看后面的走势。11 月初，该股很快便结束了上涨，开始连续收阴下跌进入回调整理之中，证实了前期投资者的推断，也说明不继续在量缩价涨的位置追涨是正确的。

此次回调持续到了 11 月上旬，股价跌至 22.50 元价位线附近企稳后开启了下一波拉升。这一次拉升的速度同样非常快，成交量也同样在前期给出了强有力的支撑。但随着股价的上涨，量能开始出现缩减，量增价涨再次转变为量缩价涨，传递出即将见顶的信号。

此时，短线投资者也要立即停止追涨，并且根据上一次的经验，谨慎型投资者还可以先行卖出兑利。而后续该股的走向也证实了这一点，股价在创出 32.88 元的近期新高后就进入了下跌之中，并且跌势持续了比较长的时间。

已经撤离的投资者在没有遇到合适时机的情况下就不要轻易介入了。

4.1.2 涨停板打开后的市场态度

涨停板打开后的市场态度也是决定短线投资者是否应该继续追涨的关键因素之一。这里的涨停板打开一般指的是连续多日的涨停结束，这时市场会给出怎样的反应，股价又会因为买卖双方的力度变化而产生怎样的波动，成了投资者应当重点关注的情况。

一般来说，涨停板打开后股价会形成三种走势（实际还存在多种可能，这里只介绍最常见的三种）。

一是减缓上涨速度，也就是从原本的快速涨停或一字涨停转变为缓慢涨停，或在涨停之前就收盘。这种走势意味着市场和主力仍旧看涨个股，买方能够顶着巨大的抛压继续注资并推涨股价，个股后市可能还有一些上升的空间，投资者可以追涨，但一定要警惕高位反转。

二是缓慢下跌，也就是冲高回落，进入震荡式的下跌中逐步释放抛压。这就说明市场投资者大多认为个股涨势将尽，开始集中大批出售。如果主力此时也完成了既定的收益目标转而开始出货，股价就很有可能在后续彻底转入下跌行情之中，那么短线投资者就最好不要在这种位置追涨。

三是直接跌停，也就是在涨停结束的次日就出现跌停的走势。这说明场内抛压在短时间内出现了暴增，很可能就是主力在操作。其目的可能是通过快速跌停催促投资者卖出，释放一定量的抛压，以便在后续的拉升中更加轻松；也可能就是想要快速出货，大量卖出就会导致股价跌停。

而这三种情况在下面的案例中都有所体现，接下来就通过赫美集团（002356）的一段暴涨行情向投资者展示不同情况下的具体操作策略。

实例分析

赫美集团（002356）涨停板打开后的股价走势

图4-3为赫美集团2021年6月至8月的K线图。

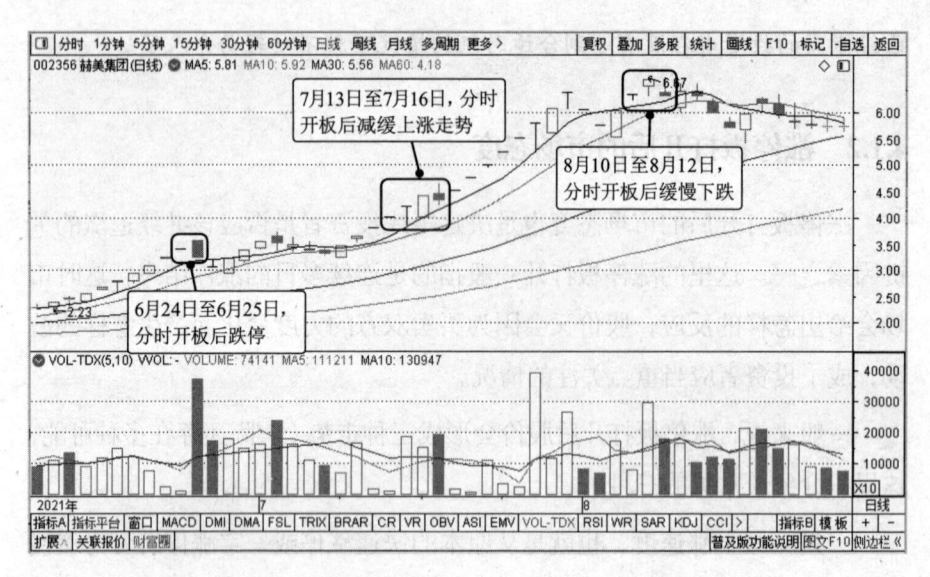

图4-3 赫美集团2021年6月至8月的K线图

先来大致观察一下赫美集团的这段K线走势，可以发现该股几乎长期处于连续涨停之中，拉升速度非常快，也十分不合常理。但如果投资者仔细观察还是能看出其与常规连续涨停的差别，即涨停幅度的不同。该股在当时的每一次涨停幅度都在5%左右，也就是说，该股当时的单日涨跌幅限制被缩减到了5%。

根据赫美集团的历史信息来看，在2019年，因会计师事务所对该公司2018年度财务报告出具了无法表示意见的审计报告，根据相关规定，深圳证券交易所将对公司股票交易实行"退市风险警示"的特别处理。2019年5月6日，"赫美集团"改名为"*ST赫美"，股票单日涨跌幅限制改为5%。

而赫美集团一直到2022年7月才彻底解决财务问题，解除"退市风险警示"，将股票名称和单日涨跌幅限制变更为常规情形。所以，在图4-3中显示2021年6月到8月的走势中，该股的涨停幅度仍旧是5%。

但即便如此，长期连续涨停的走势也是十分罕见和异常的，其中是否有更深层次的原因投资者不得而知。但很明显的是，短线投资者完全可以利用这次机会追涨跟进，赚取短期暴涨收益。不过哪些位置能跟进，哪些位置不能轻易介入，还需要投资者仔细分析。

首先投资者要知道，在连续涨停的过程中买进是比较困难的，很多短线投资者连续挂单数日都不一定能成功交易。所以，大部分投资者还是需要等到彻底开板的时机到来，才能尝试交易。

而根据前面解析过的理论知识来看，涨停板在彻底打开后可能会出现股价缓慢上涨、缓慢下跌及直接跌停三种情况。不同开板情况下，投资者的追涨策略会大不相同。

下面先来看6月下旬该股连续涨停结束，涨停板彻底打开时，市场会持怎样的态度。

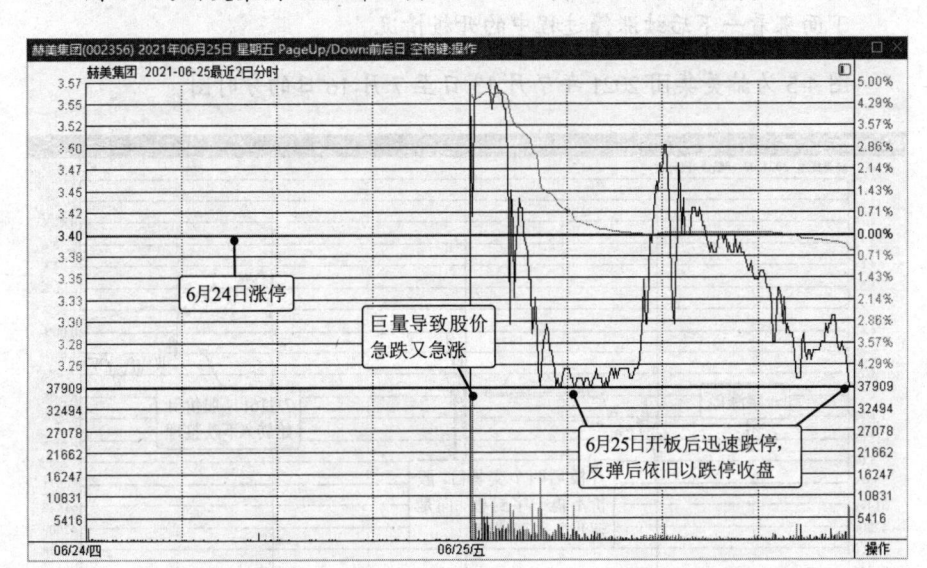

图4-4为赫美集团2021年6月24日至6月25日的分时图。

图4-4　赫美集团2021年6月24日至6月25日的分时图

在6月24日，赫美集团的股价依旧处于一字涨停状态，且整日的交易量都十分稀少。6月25日，该股并未延续前日以涨停价开盘的走势，而是小幅高开，涨停板打开了一丝缝隙。

在开盘后的第一分钟，成交量出现巨量量柱，迅速将价格直线上推，直接冲到了涨停板上封住。但几分钟后，涨停板在震荡中彻底打开，股价转而急速下跌，在10:00之前就接触到了跌停板。在此期间，成交量也开始活跃了起来。

很显然，这是涨停板打开后直接跌停的情况，虽然该股在后续并未直接封在跌停板上，但持续的低位震荡及后续的反弹失败彻底跌停也证实了主力在压价操作。不过，根据开盘后的大单推涨情况来看，主力更可能是通过急速的跌停来进行震仓，后续该股可能会进入回调之中，但不会立即转入彻底的下跌。因此，投资者可以不着急在此追涨跟进，反而还要跟随主力的步伐先行撤离，兑利观望。

K线图中后续的走势也证实了这一点，该股在此之后确实形成了一段时间的回调，低点没有跌得太深，在10日均线的支撑下就回归上涨了。那么在该股重新开始收阳时，短线投资者就可以追涨入场了。

下面来看一下后续涨停过程中的开板情况。

图4-5为赫美集团2021年7月13日至7月16日的分时图。

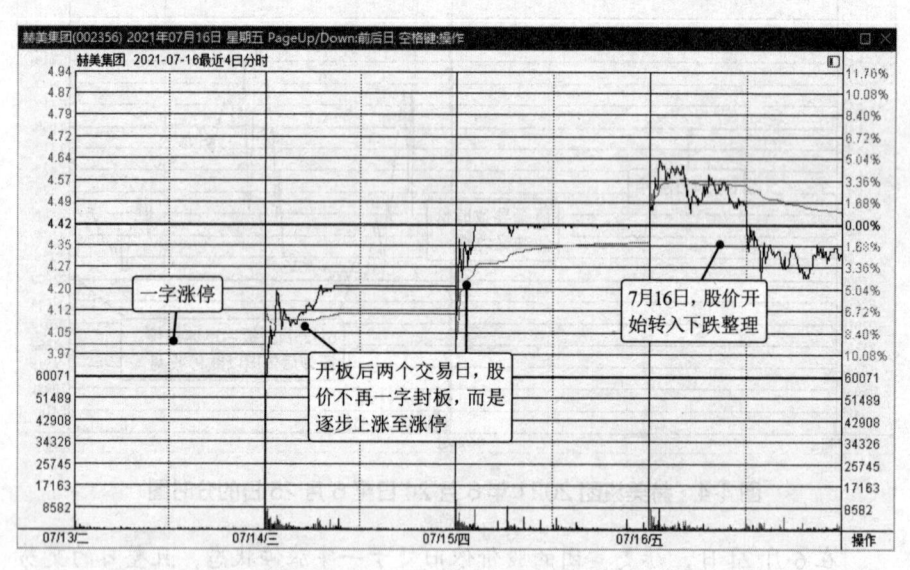

图4-5　赫美集团2021年7月13日至7月16日的分时图

在7月13日，该股还在一字涨停。但在次日，股价却出现了低开后逐步震荡上涨的情况，最终仍旧是涨停封板，不过涨速相较于前期有了明显的降低。而7月15日的走势依旧延续了前日的涨速减缓状态，意味着市场的推动力虽然稍显不足，但依旧看涨该股，短线投资者还是可以尝试着在涨停之前追涨跟进的。

在 7 月 16 日股价高开并上涨后不久，就出现了震荡下跌的走势。这可能是股价即将进入回调整理的标志，谨慎型投资者是可以先行卖出观望的。好在该股当日没有彻底跌停，给想要撤离的投资者留下了充足的空间。

回到 K 线图中观察，可以发现就在 7 月 16 日的短暂整理之后，股价回归到了连续一字涨停的状态中。这就说明投资者前期对市场态度的推断是正确的，即市场依旧看好该股，后市还有上涨空间。那么没有受到股价回调干扰的投资者就可以继续持有，已经撤离的投资者还可以重新追涨建仓。

接下来看一下该股在持续拉升至高位并彻底开板后，市场又会有怎样的应对。

图 4-6 为赫美集团 2021 年 8 月 10 日至 8 月 12 日的分时图。

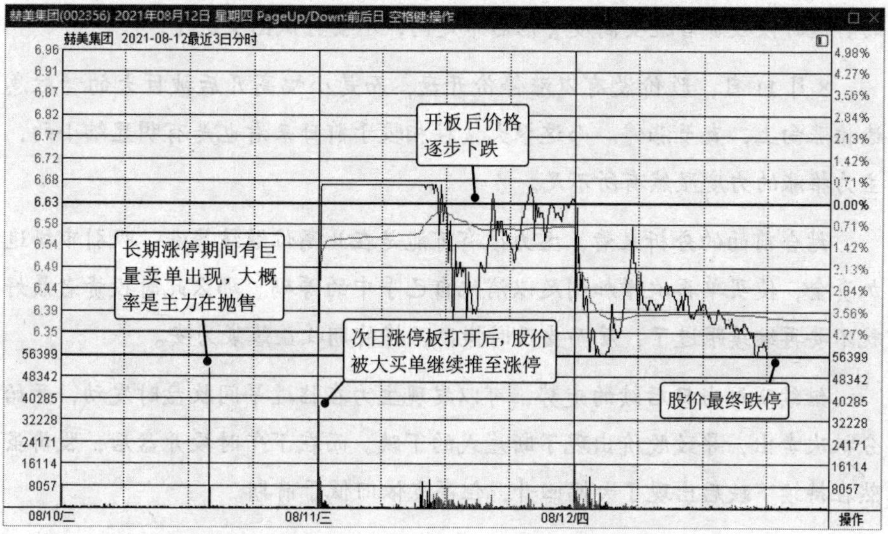

图 4-6　赫美集团 2021 年 8 月 10 日至 8 月 12 日的分时图

在 8 月 10 日的分时交易时间内，该股依旧处于一字涨停状态。但下方的成交量却显示在 13:18 时场内出现了一根总量超过 50 000 手的成交量柱，显然这极有可能是主力在进行操作，但具体情况还需要根据当时的交易数据来分析。

图 4-7 为赫美集团 2021 年 8 月 10 日的部分分笔交易数据。

13:18	6.35	3500	S	39
13:18	6.35	1500	S	12
13:18	6.35	2752	S	32
13:18	6.35	17328	S	190
13:18	6.35	15055	S	249
13:18	6.35	8537	S	243
13:18	6.35	152	S	9
13:18	6.35	222	S	7
13:18	6.35	1206	S	12
13:18	6.35	885	S	17

图 4-7 赫美集团 2021 年 8 月 10 日的部分分笔交易数据

图 4-7 中展示的是赫美集团 8 月 10 日 13:18 的部分分笔交易数据，即便图中没有将当时的所有成交单都显示完全，但就从已有的数据中已经可以看出，超过 40 000 手的交易量都是卖单。而如此巨量的卖单都没能将涨停板冲开，可见盘中堆积的买单量之巨大。

对此投资者稍加思考就能明白，这大概率是主力大批量抛售筹码造成的。这时候投资者就要高度警惕后市走向，不要再试图买进了。

8 月 11 日，股价没有以涨停价开盘，而是小幅高开后被巨大的量柱急速推涨向上，直至涨停。而这根大量柱相较于前日来看也是有明显缩小的，主力推涨的力度显然有所不足。

结合前面的分析来看，主力很有可能是在此高位继续推涨，吸引市场追加资金，使买单再次增加到足以消化自己手中的筹码。那么此时投资者最好就不要再继续跟进了，反而要及时撤离，将前期收益落袋为安。

继续观察当日后续的走势，可以发现主力在临近早间收盘时发动，开始分批次卖出，导致股价出现了断崖式的下跌。而在下午时段开盘后，股价虽然在持续下跌后出现了大幅回升，但高点依旧低于前期。

8 月 12 日，股价还在下跌，跌速相较于前期有所加快，并且出现了跌停的迹象。多种因素结合来看，主力即将出货撤离的概率还是比较高的，投资者最好还是先行卖出，保全前期收益。

从 K 线图中后续的走势来看，该股在此后的很长一段时间内都没有回归上涨，甚至还在震荡式的下跌中越发向中长期均线靠近，说明市场可能即将转入一轮深度回调或是进入下跌行情之中。这时候短线投资者就不能轻易追涨买进了。

4.1.3 回落深度确定上涨潜力

股价在上涨过程中的回落深度及市场对其形成的支撑,也是决定投资者是否能够追涨介入的关键。其中比较常见的就是利用均线组合对股价回调的支撑情况来判断,如图 4-8 所示。

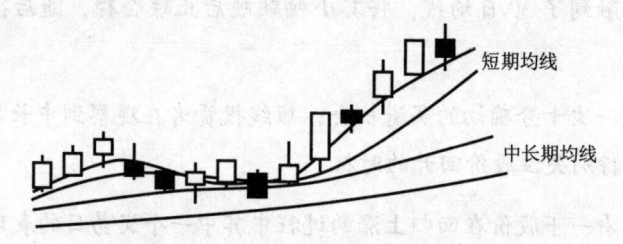

图 4-8　K 线受中长期均线支撑示意图

一般来说,在上涨走势成形后,中长期均线完全转向上行,能够对 K 线形成比较有力的支撑,常规的回调走势不会对其形成有效跌破。所以,投资者在遇到这种走势时,完全可以借助均线的支撑而追涨买进。

下面来看一个具体的案例。

实例分析

金桥信息(603918)K 线受中长期均线支撑继续上行

图 4-9 为金桥信息 2023 年 3 月至 8 月的 K 线图。

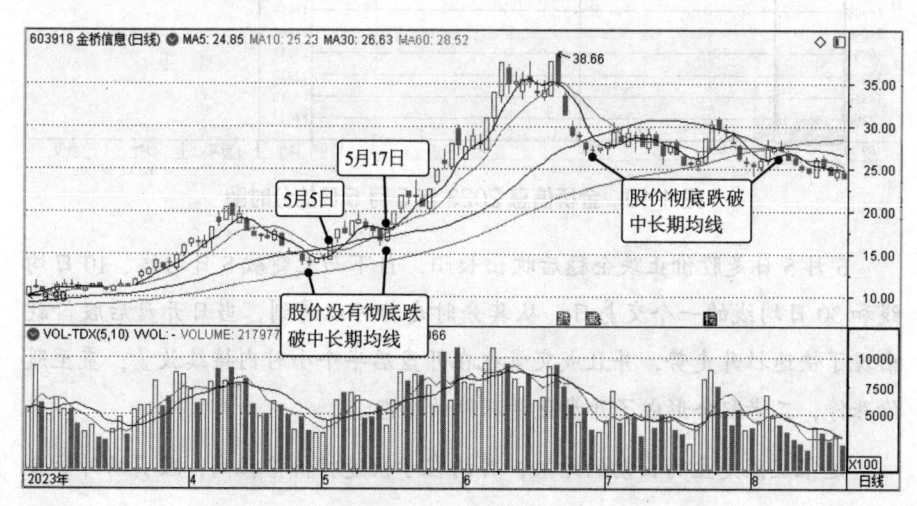

图 4-9　金桥信息 2023 年 3 月至 8 月的 K 线图

来看金桥信息的这段走势，可以发现该股在 2023 年 3 月到 6 月的大部分时间内都处于积极上升状态，K 线只在中途形成过两次比较明显的回调，并且都得到了中长期均线的支撑，下面来逐一分析。

第一次回调发生在 4 月初，股价在 20.00 元价位线处受阻后转入下跌，在 4 月底接触到了 30 日均线，将其小幅跌破后止跌企稳，随后很快回归了上涨。

这就是一次十分确切的买进机会，短线投资者在观察到中长期均线的支撑力后就要特别关注股价回升的时机。

下面来看一下股价在回归上涨的过程中其中一个交易日的表现。

图 4-10 为金桥信息 2023 年 5 月 5 日的分时图。

图 4-10　金桥信息 2023 年 5 月 5 日的分时图

5 月 5 日是股价止跌企稳后收出长阳，自下而上突破 5 日均线、10 日均线和 30 日均线的一个交易日。从其分时走势可以看到，当日开盘后股价就出现了快速拉升走势，并且成交量也在开盘后半个小时内持续放量，直至股价涨停，二者配合形成了开盘巨量涨停的形态。

这很显然是主力出动的结果，目的在于快速将价格拉高，吸引场外资金注入，帮助一起推涨。这时候就是短线投资者的追涨机会了，投资者要抓住涨停之前的时间入场或加仓。

回归 K 线图中观察第二次回调。这一次回调发生在数日之后，该股依旧是在 20.00 元价位线附近受阻，短暂回落到 30 日均线上后就出现了积极的上涨。5 月 17 日，股价大幅收阳回升，三个交易日后就成功突破到了该关键压力线之上，确定了上涨趋势的延续，投资者可继续加仓或持有。

到了 6 月中旬，股价反复在 35.00 元价位线上方的高价区域横向震荡，随后再次形成了快速的下跌。但此次下跌直接就跌破了 30 日均线，并且反弹不过后又于 8 月初彻底跌破了 60 日均线。这就说明中长期均线的支撑力不再，行情很有可能转入了下跌，投资者切不可追涨，反而需要及时撤离。

4.1.4 关键支撑线的存在

这里所指的关键支撑线是股价在上升过程中可能会遇到的关键价位线。一般来说，这些支撑线都是由前期压力线转化而来的，但前提是股价能够在成功突破这些压力线后回踩不破，这些价位线上的压制力才会转变为支撑力，如图 4-11 所示。

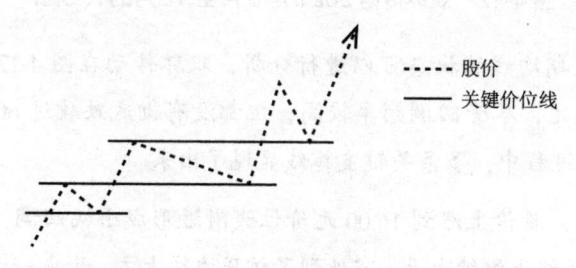

图 4-11　上涨过程中的关键支撑线示意图

在整段上涨走势中，股价可能会遇到多条关键支撑线，因此，可能会形成阶梯式的震荡上涨，产生多个追涨买点。

对于短线投资者来说，这些阶梯也是分段操作的指示牌。突破压力线和回踩不破的位置都属于追涨点，而受阻回调的位置就是卖点和观望点，投资者可根据自身操作习惯决定何时买卖。

下面通过一个案例来仔细解析。

实例分析

双环传动（002472）借助关键支撑线追涨

图4-12为双环传动2021年6月至12月的K线图。

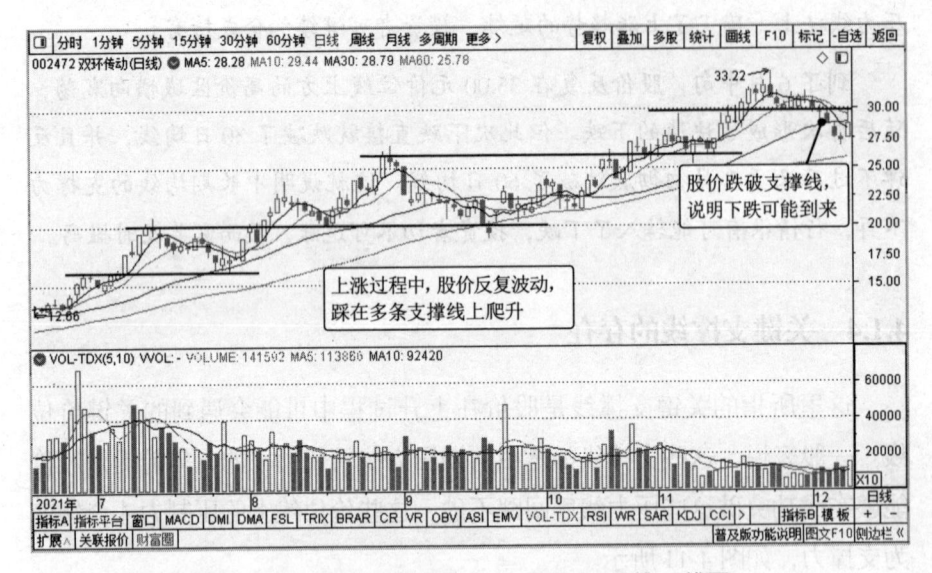

图4-12 双环传动2021年6月至12月的K线图

根据中长期均线的状态可以进行分析，双环传动在图4-12展示的时期中涨势十分稳定，尽管回调频率较高，但都没有彻底跌破过60日均线。而在频繁的回调过程中，多条关键支撑线显现了出来。

在6月底，股价上涨到16.00元价位线附近形成小幅回调，很快便在踩在15.00元价位线上继续上升，突破到了该压力线上方，形成一个追涨买点。

7月上旬，股价在20.00元价位线上受阻回调，而回调低点正好处于16.00元价位线附近，证实前期压力线转化为了支撑线，那么股价回踩不破的位置就成了又一个买点。

8月初，股价回升突破了20.00元价位线。根据前期经验来看，该压力线也有转化为支撑线的潜力，投资者要注意观察后续的回调落点。

8月上旬，股价在接近25.00元价位线的位置滞涨后回调，低点确实落在了20.00元价位线上，形成了又一次回踩不破走势，也就是又一个买点。

若股价沿着当前的趋势运行下去，下一条压力线就可能是30.00元价位线，而25.00元价位线也应当在下一次上涨过程中被彻底突破。但股票市场是瞬息万变的，任何看似稳定的运行规律都可能在下一个交易日被打破。

从后续的走势可以看到，该股下一次的涨势止于26.00元价位线附近，而回调的落点依旧在20.00元价位线附近。不过这也再次证实了20.00元价位线处的支撑力，为场外的短线投资者提供了又一次低位建仓和低成本加仓的机会。

10月中旬，该股终于成功突破到了26.00元价位线之上，在后续很快形成的回踩中确认了其压制力向支撑力的转换，并踩着该支撑线继续上行，直至突破到下一条压力线，也就是30.00元价位线之上。

不过，当该股创出33.22元的阶段新高后，这一波持续的上涨也暂时告一段落了。该股在回落到30.00元价位线上长期横盘震荡后无力继续上涨，而是彻底将该支撑线跌破，并且后续反弹也没能回到其上方。这显然就是股价深度回调或进入下跌的标志了，短线投资者不可继续追涨。

4.1.5 均线排列能否延续

均线的多头排列是指短期均线在上、中长期均线在下的排列形态。只要多头排列的形态不被彻底破坏，也就是均线之间不形成长期的交叉状态，股价的积极上涨就能够得到保证。注意，短期均线之间短暂、快速的跌破形态可以视作多头排列的短暂停滞，而非破坏，如图4-13所示。

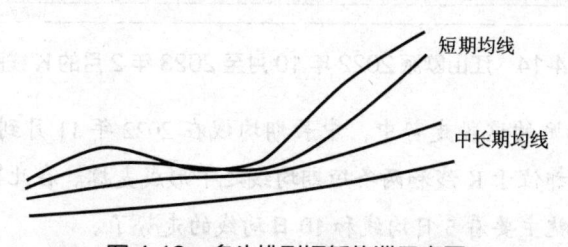

图4-13 多头排列短暂停滞示意图

那么，短期均线之间要形成多么短暂或快速的交叉，才能不破坏多头排列的形态呢？其实这并没有一个绝对标准的答案，一般来说在一到五个交易日之间的交叉都可以算作短暂停滞。但前提是 5 日均线不可跌破 10 日均线太多，否则也可能会视作形态结束。

这种停滞的状态虽然意味着股价出现了回调，市场形成整理，但对于短线投资者来说，这就是一个十分明确的追涨机会。只要多头排列能够在之后延续下去，投资者就可以尝试着在此处加仓或追涨入场。

下面来看一个案例。

实例分析
江山欧派（603208）多头排列长期延续

图 4-14 为江山欧派 2022 年 10 月至 2023 年 2 月的 K 线图。

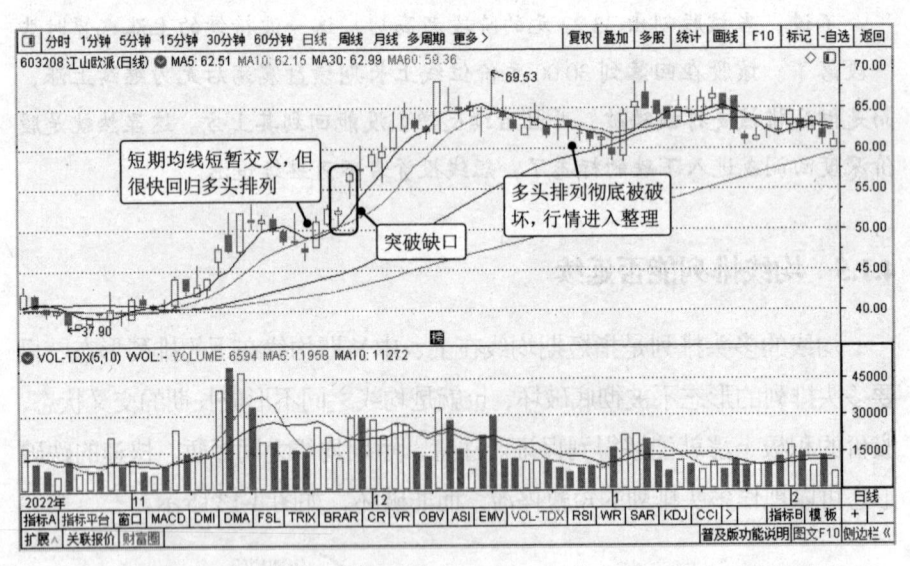

图 4-14　江山欧派 2022 年 10 月至 2023 年 2 月的 K 线图

在江山欧派的这段走势中，中长期均线在 2022 年 11 月到 12 月都保持着上扬，并且都位于 K 线和两条短期均线之下形成支撑。在此期间多头排列停滞的延续，就主要看 5 日均线和 10 日均线的走势了。

在 11 月上旬，股价正式从横盘转为上涨后，两条短期均线纷纷扭转向上，不仅与中长期均线拉开了距离，也形成了规整的多头排列形态，预示着股价涨势的积极，向短线投资者传递出了买进信号。

11 月中旬，股价上涨至 55.00 元价位线下方后滞涨横盘，数日后转入下跌整理之中。这一次下跌也导致了 5 日均线的转向，并且还跌破了 10 日均线。不过好在股价企稳回升的速度也很快，没等 5 日均线跌破太多，K 线就开始收阳上涨了，5 日均线在两个交易日后就回到了 10 日均线之上。

不难看出这只是一次多头排列的短暂停滞，也是上涨趋势的短暂调整。从该股后续以跳空高开形成突破缺口，越到前期压力线上方的上涨走势来看，后市的上涨潜力不小，短线投资者可迅速在多头排列停滞及恢复上升的多个位置追涨介入。

后续的走势也证实了这一点，股价在连续的上涨中恢复了均线的多头排列，并且短时间内的涨幅极大，短线投资者收益可观。

但当股价上涨至 70.00 元价位线下方后，多次上冲都未能将其彻底突破，反而在后续形成了横盘后缓慢下跌的走势，导致 5 日均线再次跌破 10 日均线。

这一次由于股价下跌持续的时间较长，5 日均线长期运行于 10 日均线之下，彻底破坏了多头排列的形态。短时间内该股涨势不再，短线投资者还是以及时出局观望为佳，避免股价转势下跌被套场内。

4.2 震荡上涨确定延续性

震荡式的上涨应该是股价在上升过程中最常出现的情况了，只有不断地进行整理与筹码交换，场内才能始终保持看多力量的充足。尽管在震荡之下股价涨势可能并不稳定，但短线投资者也可以利用各种分析手段确定追涨位置，同时发现不应该继续介入的预警形态。

下面就利用一些常见的趋势型指标和形态，逐一来对震荡上涨的行情进行买点分析。

4.2.1 上升趋势通道约束股价

上升趋势通道是在上升趋势线的基础上建立而成的一个股价通道。将上升趋势中相邻的两个低点相连并向上延伸能够得到一条待验证的上升趋势线，当下一个低点落到该趋势线上就可以验证其有效性。以附近的一个高点为基点作出上升趋势线的平行线，就构筑出了一个上升趋势通道，如图 4-15 所示。

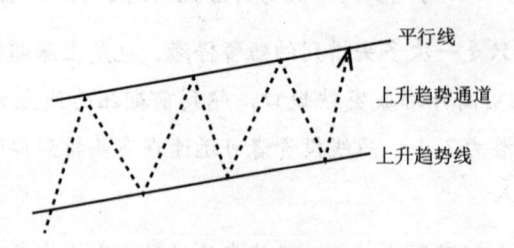

图 4-15 上升趋势通道示意图

上升趋势通道能够在一定程度上对震荡上涨的股价形成限制，短线投资者可利用股价在通道中的止跌和滞涨走势来确定买卖点。

不过需要注意的是，当股价的震荡低点没有准确落到上升趋势线上时，投资者就要根据实际情况决定是否对其进行修正，同时注意修正后的上升趋势线是否还具备有效性及能否继续使用。

下面直接进入案例之中详细解析上升趋势线的修正过程，以及短线投资者如何选择合适的追涨点。

实例分析
万华化学（600309）借助上升趋势通道追涨

图 4-16 为万华化学 2022 年 10 月至 2023 年 3 月的 K 线图。

从图 4-16 中可以看到，万华化学是从 2022 年 11 月初开启的这一段震荡式上涨，最低点在 77.95 元处，而第二个低点大致在 80.00 元价位线上方，将这两个点连接并向上延伸就得到了一条待验证的上升趋势线。

11 月下旬，股价上涨至 90.00 元价位线处受阻后回落，低点正好落在了

第 4 章 确定整体趋势上行

上升趋势线上,验证了其有效性。那么根据上升趋势线建立而出的上升趋势通道也就能够投入使用了,短线投资者可借此低吸进场。

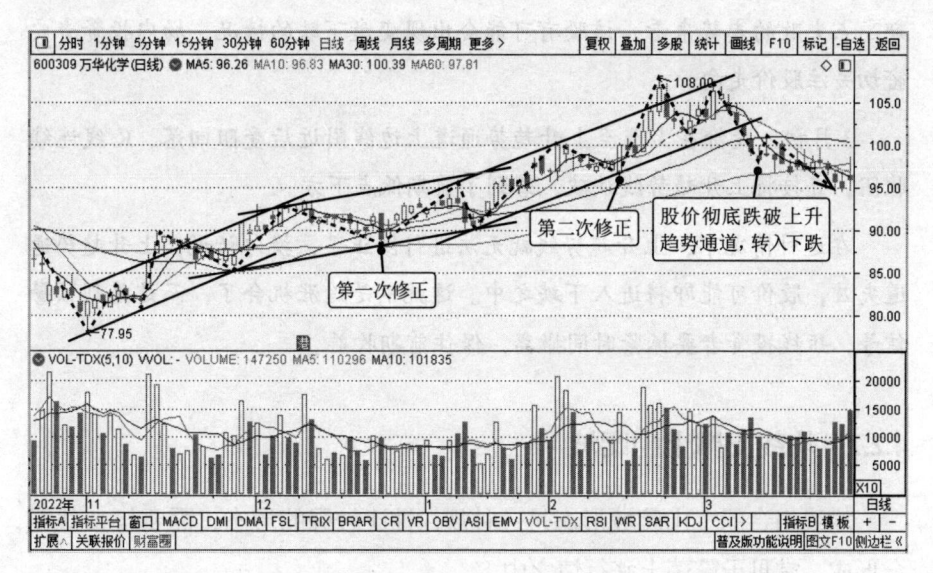

图 4-16 万华化学 2022 年 10 月至 2023 年 3 月的 K 线图

继续来看后面的走势。该股在 12 月初上涨到了接近 95.00 元价位线的位置受阻后形成了横盘整理,最终小幅回落,于 12 月下旬跌到了 90.00 元价位线之下。

很显然,该落点所处位置与上升趋势线之间存在一定的距离,但又没有跌破前期低点,因此,投资者可将其进行修正。投资者只需要将该落点与上一个低点相连并向上延伸,得到的就是修正后待验证的上升趋势线,只要后续股价能够落到该线上,短线投资者就可以继续追涨。

2023 年 1 月初,股价再次回调,低点正好落在新的上升趋势线上,确认了其有效性。那么此时新的上升趋势通道也得到了验证,短线投资者可在第三个落点处追涨入场。

然而由于后续股价涨速的加快,该股的下一个落点明显高于现有的上升趋势线,因此,投资者需要再次修正,将 2 月初的低点与 1 月初的低点相连并向上延伸得到新的上升趋势线,然后等待验证。

2月底，股价落到了距上升趋势线稍高的位置，位移不算太大，因此，可以算作有效验证，短线投资者也可以继续买进。但根据股价上涨后突破前期高点失败的走势来看，该股有可能会出现变盘下跌的情况，场内投资者要密切关注股价走向。

3月初，股价在上涨至上升趋势通道上边线附近后受阻回落，K线连续收阴，直接将上升趋势线跌破，落到了前期低点下方。

在这种情况下，上升趋势线就无法进行修正了，换句话说，上升趋势通道失效，股价可能即将进入下跌之中。这就不是追涨机会了，而是兑利预警信号，短线投资者要抓紧时间撤离，保住前期收益。

4.2.2 均线支撑上山爬坡

均线组合的上山爬坡形态是一种规律性比较强的形态，需要与K线配合形成，常见于震荡上涨行情之中。

形态具体指的是在上涨过程中，两条中长期均线稳定向上运行，支撑着K线和短期均线在上方形成锯齿状的震荡上涨走势，仿佛爬山一般，如图4-17所示。

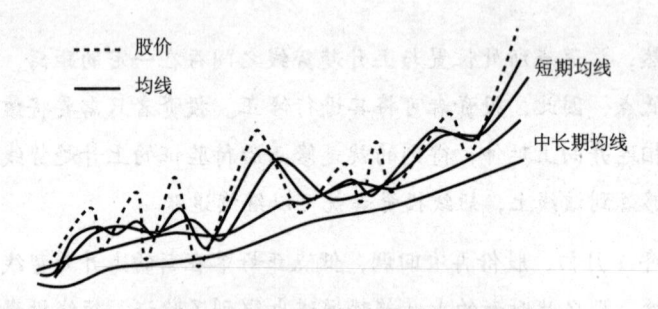

图4-17 均线上山爬坡示意图

形态的研判关键在于两条稳定上行的中长期均线，只要它们能保持稳定，无论K线震荡得多么频繁，短期均线如何交叉，上山爬坡形态都能确定有效。那么，短线投资者也就能借助该形态分批加仓追涨。

下面通过一个案例来解析。

> **实例分析**
>
> **奥普光电（002338）均线组合上山爬坡追涨**

图 4-18 为奥普光电 2023 年 2 月至 7 月的 K 线图。

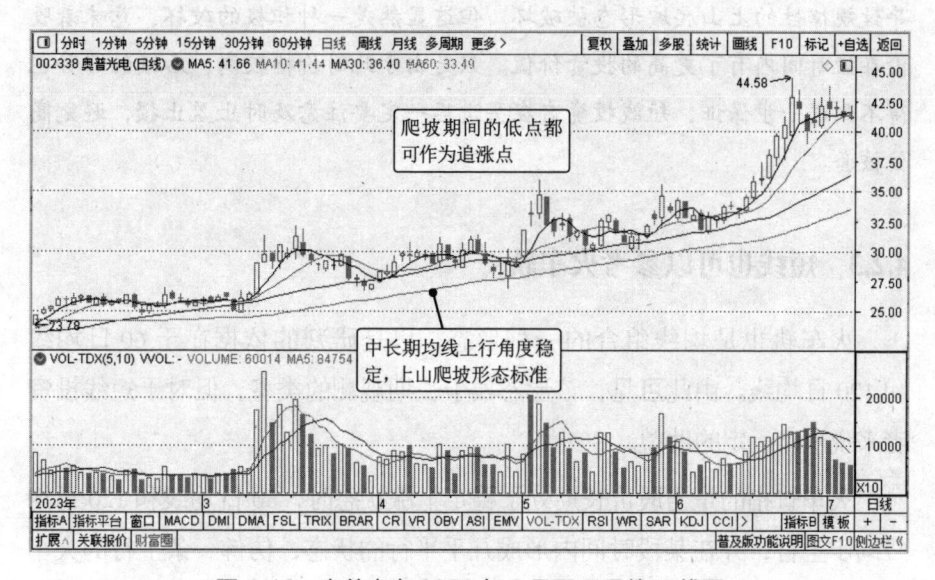

图 4-18 奥普光电 2023 年 2 月至 7 月的 K 线图

来看奥普光电的这段走势，可以发现该股从 2023 年 2 月初就进入了比较稳定的上涨趋势之中，不过 60 日均线还是在进入 3 月后才彻底转向上行，与 30 日均线一同承托起 K 线和短期均线的运行。

该股在 3 月经历了一次涨跌后，于 4 月初跌到了 30 日均线附近，企稳后再次形成回升。这时的 30 日均线和 60 日均线上行角度已经十分稳定了，而且两条均线几乎处于平行状态，尽管股价震荡频繁，但上山爬坡形态已经可以确定了。

那么此时，无论短线投资者是否在前期低位入场，都可以趁着上山爬坡还存在并延续的机会及时在合适的回调低位追涨，或建仓或入场，以抓住后续涨幅。

从后续数月的发展情况来看，K 线大部分时间都处于 30 日均线之上震荡运行，反复的上下波动也带动着短期均线多次形成交叉。但由于两条中长期均线的运行趋势极为稳定，上山爬坡的形态一直没有被打破，因此，短线投资者也可以一直尝试进行分段操作。

不过在 6 月中旬，K 线突然连续大幅收阳上冲，向上远离了中长期均线，导致规律性的上山爬坡形态被破坏。但这显然是一种积极的破坏，意味着股价在短时间内有了更高的投资价值。只是由于此时价格较高，后续的涨势也得不到进一步保证，短线投资者在买进后一定要注意及时止盈止损，避免高位被套。

4.2.3 短线也可以参考火车轨

火车轨也是均线组合的一种形态，只是研判的依据在于 60 日均线和 120 日均线。由此可见，该形态属于长期观测的类型，但对于短线投资者来说也有一定的助益。

火车轨指的是当股价长期处于稳定上涨状态时，60 日均线和 120 日均线同步上行，并在某段时间内形成几乎平行的状态，仿佛一条上行的火车轨道，如图 4-19 所示。

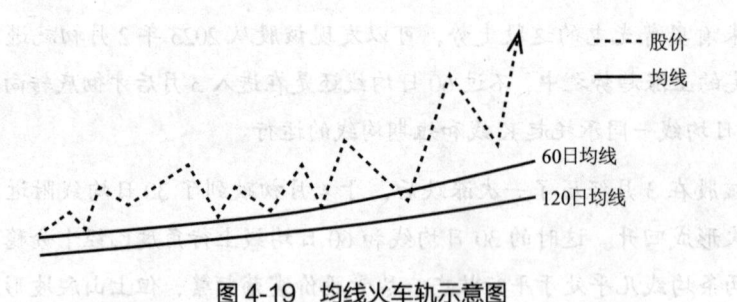

图 4-19 均线火车轨示意图

像上一个案例奥普光电的上山爬坡形态中，30 日均线和 60 日均线配合形成的就是一个十分标准的火车轨，尽管构成均线不同，但形态是类似的。而要让 60 日均线和 120 日均线构成同样的走势，股价必定会在这段时间内形成相当稳定、积极的上涨，对于短线投资者来说是一个不可错失的追涨机会。

至于追涨的具体时机，可以细化到股价回调至 60 日均线附近的位置，或者利用关键支撑线进行研判,方法众多,投资者可根据实际情况自行选择。

下面直接进入案例中,解析火车轨的运行情况。

> **实例分析**
> **春风动力(603129)火车轨中的追涨时机**

图4-20为春风动力2020年4月至2021年3月的K线图。

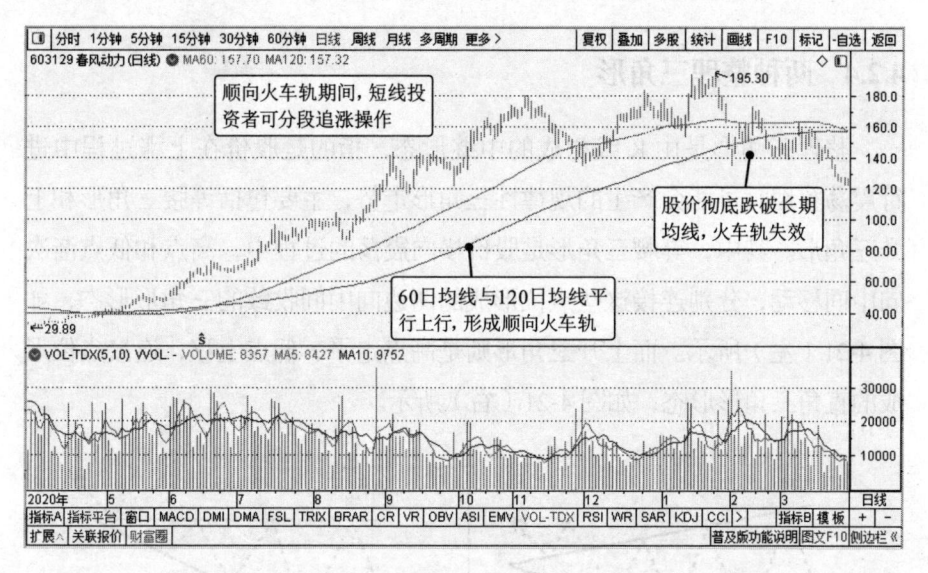

图4-20 春风动力2020年4月至2021年3月的K线图

图4-20中展示的是春风动力近一年的股票走势情况,可以看到,在2020年7月以前,由于股价涨速并不算快,涨幅也不大,60日均线和120日均线虽有扭转向上的迹象,但始终无法清晰地发散开来。

不过当K线在5月初突破两条均线,以及于6月底带动均线明显向上扭转并形成金叉(即60日均线上穿120日均线)时,买进信号已经发出了,短线投资者是可以趁机入场的。

进入7月后,两条均线终于分开并逐步向上发散,对K线形成了强力的支撑。而进入8月后,两条均线之间就有了逐渐平行的趋势,这时投资者已经可以将其视作火车轨成型,进而抓住时机在形态构筑期间股价回调的低位追涨加仓了。

随着时间的推移，火车轨的平行状态愈加稳定，股价的上涨趋势也得到了验证和延续，短线投资者可保持原有操作策略。

但到了 11 月，股价的一次大幅回调导致 60 日均线明显走平。虽然后续股价回升了，但回升的幅度显然不足以使 60 日均线再与 120 日均线拉开距离，二者越靠越近，火车轨逐渐失效。直到 2021 年 1 月底，K 线彻底跌破两条均线，火车轨形态不再延续，投资者也应该出局了。

4.2.4　两种整理三角形

整理三角形是由 K 线构成的中继形态，指的是股价在上涨过程中进行震荡整理时可能会产生的规律性三角形走势，主要包括等腰三角形和上升三角形。其中，等腰三角形是股价横向震荡的过程中，高点和低点渐次向中间移动，分别连接这些点位形成的两边向中间收敛的三角形形态，如图 4-21（左）所示。而上升三角形则是高点走平、低点上移，连接点位形成的直角三角形形态，如图 4-21（右）所示。

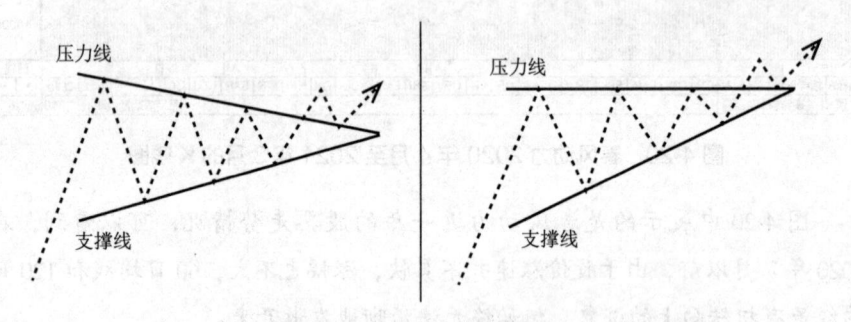

图 4-21　等腰三角形（左）和上升三角形（右）示意图

两种整理三角形虽然在形态上有所差异，但只要都形成于上涨行情之中，传递的信号就是相差无几的，即市场短暂整理，未来有机会回归上涨，短线投资者可伺机等待追涨加仓。

注意，两种三角形都需要 K 线在每条边线上落下三个点才能算作形态成立，否则其信号可靠度会受到一定的影响。

下面就来解析紫金矿业（601899）和惠伦晶体（300460）中的两个整理三角形。

实例分析
紫金矿业和惠伦晶体中两种整理三角形的应用

图 4-22 为紫金矿业 2022 年 12 月至 2023 年 4 月的 K 线图。

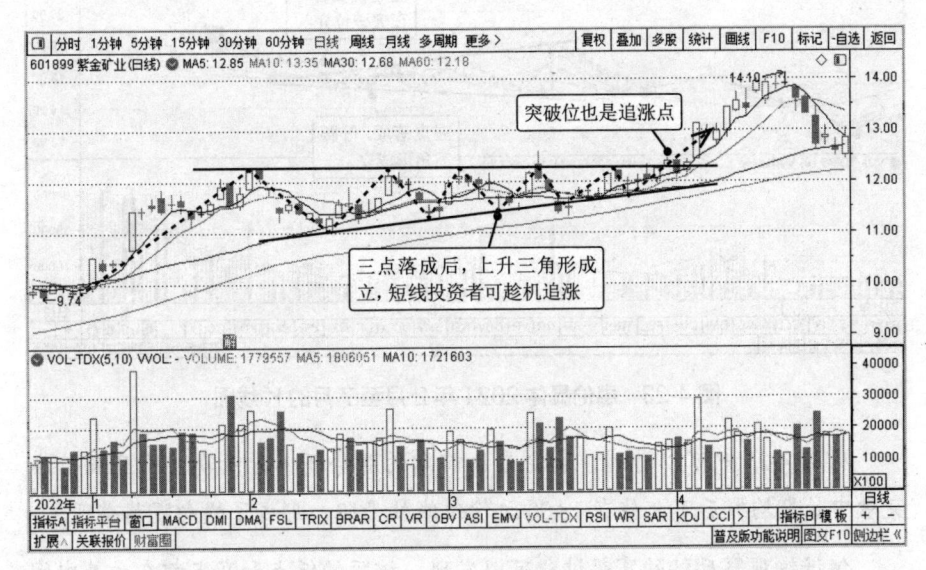

图 4-22　紫金矿业 2022 年 12 月至 2023 年 4 月的 K 线图

先来看紫金矿业的这段走势，从图 4-22 中可以看到，在 2023 年 1 月股价的涨势还算稳定，但 2 月初股价小幅突破到 12.00 元价位线之上后就受到了一定的阻碍而形成回调，于 2 月上旬落到了 11.00 元价位线上止跌。

在后续的走势中，股价反复在 30 日均线与 12.50 元价位线之间震荡，低点持续上移，但高点始终保持在 12.50 元价位线附近。当 3 月初股价第三次落到 30 日均线上时，上升三角形的形态就得到了验证，那么短线投资者就可以保持观望，等待变盘的到来。

到了 3 月底，股价震荡的区间已经收缩得非常小了，变盘的时刻也在临近。4 月初，K 线终于以一根大阳线彻底向上突破到了上升三角形之上，形成了明确的追涨信号，这个信号提醒投资者跟进。

下面再来看一下惠伦晶体中的等腰三角形应用。

图 4-23 为惠伦晶体 2021 年 2 月至 7 月的 K 线图。

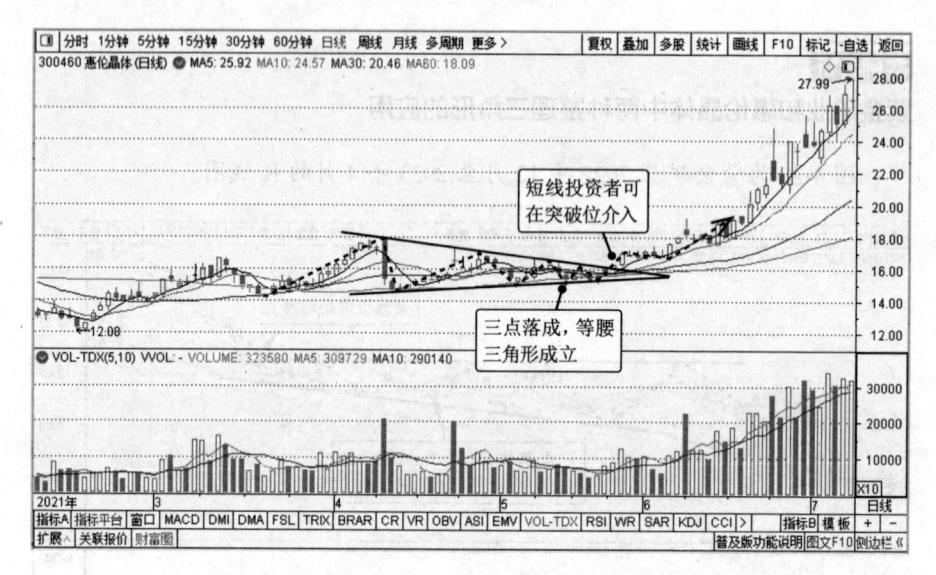

图 4-23　惠伦晶体 2021 年 2 月至 7 月的 K 线图

从图 4-23 中可以看到，惠伦晶体前期的涨势还不算清晰，而且股价在突破中长期均线后不久就在 18.00 元价位线处受阻，形成了横向震荡整理。

但仔细观察后续的震荡过程可以发现，该股的低点和高点都在向着中间移动，形成了收敛状态。分别将高点与高点、低点与低点相连，就能够形成一个待验证的等腰三角形。

5 月上旬，股价第三次落到等腰三角形下边线上后，确认了其有效性。也就是说，该股此时可能正处于上涨预备状态，后市还是有上涨空间的，短线投资者可对其保持关注。

5 月下旬，等腰三角形收敛到极致后，K 线终于开始连续收阳突破来到了等腰三角形上方，发出了明确的追涨信号，短线投资者此时就可以迅速跟进，持股待涨了。

第 5 章
具体定位追涨位置

在确定上涨趋势后，短线投资者虽然可以根据K线的回踩或均线的支撑形态来追涨，但始终无法做到高效和精准，因此，学习一些具体的追涨位置定位技巧是很有必要的。常见的有K线组合突破形态、K线与均线的组合突破形态及分时图中的拉升形态，本章就来逐一进行解析。

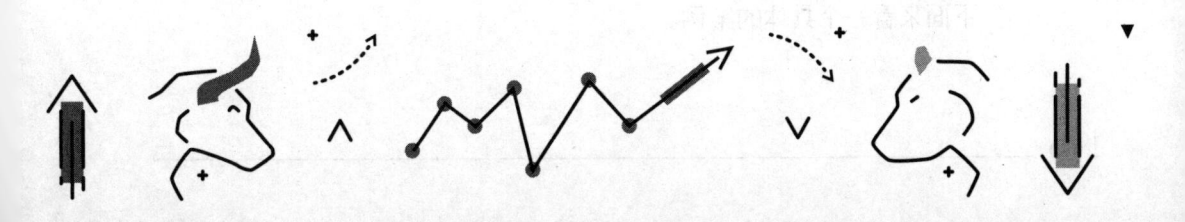

5.1 中继形态确定追涨点

上一章已经介绍过了两种中继形态，即等腰三角形和上升三角形，除此之外还存在许多其他能够预示整理结束、行情延续的特殊形态，有些是 K 线单独构成的，有些则需要配合其他指标共同分析。本节主要针对横盘整理和小幅回落形态进行解析。

5.1.1 K 线组合继续上升

K 线的组合中继形态不少，由于构筑时间偏短，能够迅速为短线投资者提供明确的追涨信息。下面就以比较常见的上档盘旋和仙人指路两种形态为例，展示 K 线组合中继形态的应用。

（1）上档盘旋

上档盘旋由多根 K 线构成，研判关键在于前后两根长实体阳线。第一根是上涨到某一位置后受阻的阳线，后接多根沿着压力线横盘震荡的小实体 K 线，阴阳不限，最终个股凭借又一根长实体阳线突破压力线，构筑出上档盘旋形态，如图 5-1 所示。

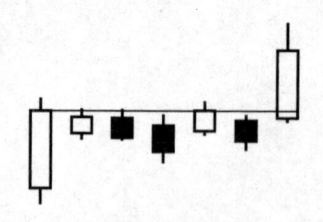

图 5-1 上档盘旋示意图

显然，上档盘旋是股价短暂整理后继续上行的表现，其中的关键压力线是投资者需要关注的重点。当大阳线再度形成并突破压力线时，短线投资者就可以趁机追涨跟进了。

下面来看一个具体的案例。

实例分析

杉杉股份（600884）上档盘旋追涨时机

图5-2为杉杉股份2021年5月至7月的K线图。

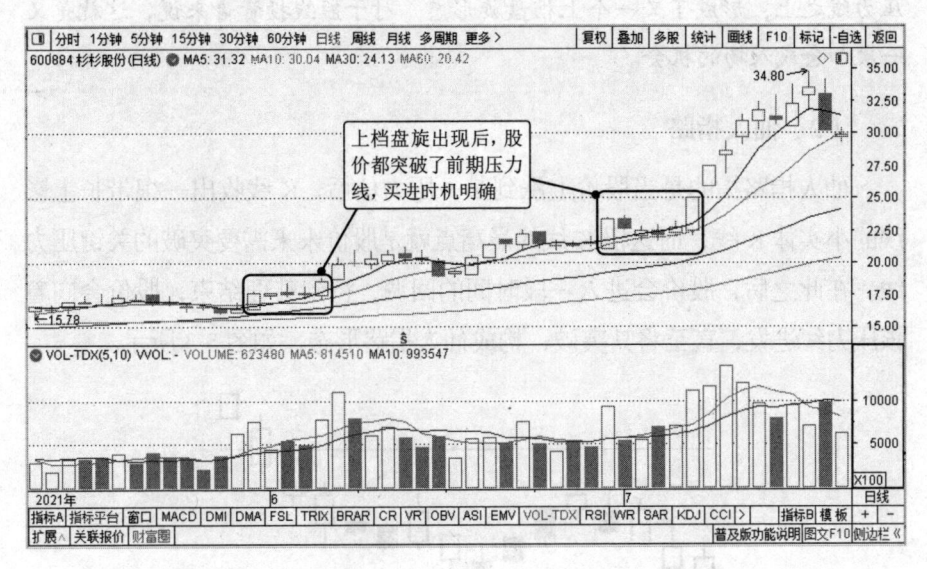

图5-2 杉杉股份2021年5月至7月的K线图

在杉杉股份的这段走势中，股价长时间保持着稳定的上涨趋势，这一点可以从中长期均线的表现中看出。2021年5月下旬，股价出现了一定程度的回调，低点落在了30日均线附近，不过很快就止跌企稳并继续收阳上涨了。

当K线收出一根长实体阳线后，该股在17.50元价位线处受到压制，并在次日收出了一根小实体阳线。而且后续两个交易日的K线实体都非常小，同时横向运行，说明市场正在整理。

第四个交易日，K线成功大幅收阳上升，突破到了17.50元价位线之上，也越过了前面几根小K线的高点，形成了上档盘旋的形态。结合当前的市场形势和均线状态来看，股价继续上行的概率较大，短线投资者可以尝试着在上档盘旋形成后追涨加仓。

在后续的走势中，股价缓慢但稳定地上涨，逐步向上来到了20.00元价位线之上。6月底，K线收出长阳小幅突破了22.50元价位线，但后续明显受阻，收出了几根小实体 K 线。根据前期经验来看，该股有再次形成上档盘旋的可能，投资者要注意了。

四个交易日后，K 线再度大幅拉升，以一根长实体阳线将价格抬升到了压力线之上，形成了又一个上档盘旋形态。对于短线投资者来说，这就是又一次加仓或入场的机会。

（2）仙人指路

仙人指路指的是当股价上涨到某一压力位后，K 线收出一根带长上影线的小实体 K 线，而这根 K 线的最高点就是股价未来需要突破的关键压力线。在此之后，股价会进入一段时间的回调，待到整理结束，股价会向着该压力线进发，直至将其突破，构成仙人指路形态，如图 5-3 所示。

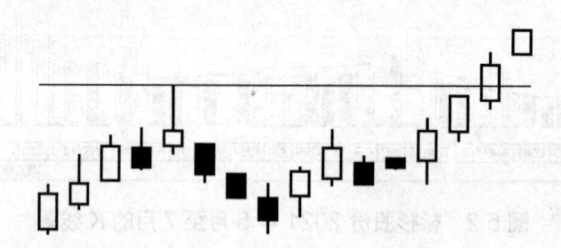

图 5-3　仙人指路示意图

严格来说，仙人指路形态的最大价值在于"指路"而非预示突破，也就是那根带长上影线的小实体 K 线指示出了未来股价可能会达到的高度。而股价是否能够突破该高度，也是上涨行情是否能够得到延续的关键。

因此，短线投资者有两个买进选择：一是在股价回调结束后就在低位追涨，等待股价上涨到预定高度再决定是否继续加仓；二是一直等到股价突破前期高点后再介入，提高持股安全性。

下面就用一个案例来分析。

实例分析
抚顺特钢（600399）仙人指路追涨时机

图 5-4 为抚顺特钢 2020 年 10 月至 2021 年 1 月的 K 线图。

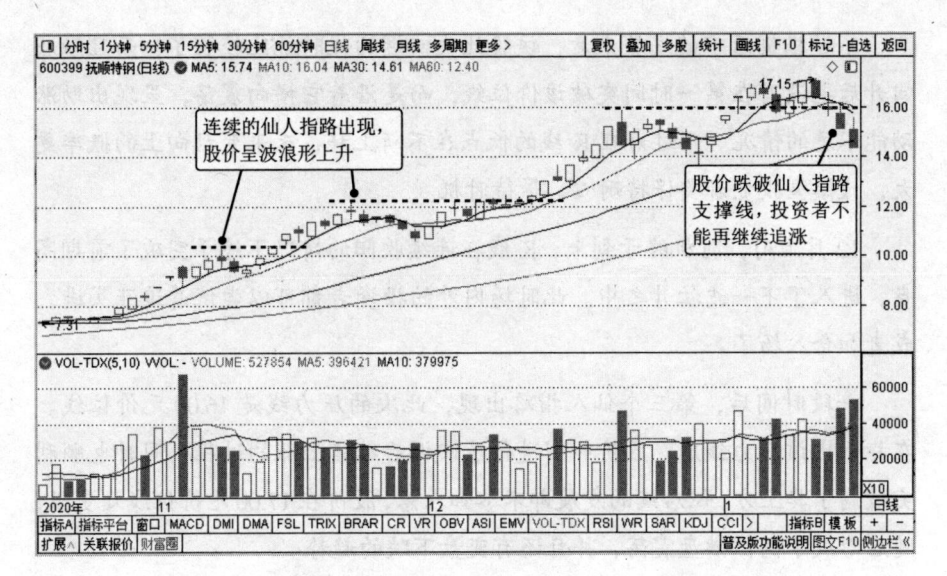

图 5-4　抚顺特钢 2020 年 10 月至 2021 年 1 月的 K 线图

抚顺特钢的股价在图 5-4 展示的时间段中呈现出了比较稳定的上涨走势，均线组合的多头排列几乎一直在延续，期间仅经历几次停滞。

在 2020 年 10 月底，股价脱离前期的横盘走势开始转入积极的拉升之中。在连续涨停的带动下，均线组合开始向上发散开来并形成了多头排列的形态，买进信号明显。

不过当股价接触到 10.00 元价位线后，K 线收出了一根带长上影线的小阴线，随后就进入回调之中了。单从 K 线的表现来看，可能正在构筑仙人指路形态，该小 K 线的最高点就是未来股价需要突破的关键点，短线投资者需要对其保持关注。

此次该股的回调时间非常短，两个交易日后就继续收阳上涨了。数日后 K 线成功收阳突破了前期高点，完成了仙人指路的构筑，也传递出了上涨行情延续的信号。结合几乎没有产生太大变化的均线多头排列形态，该股还有很大的上涨空间，投资者可继续持股，或者在仙人指路处加仓。

在此之后不久，第二次仙人指路又出现了。这一次指示的是 12.00 元价位线，也就是说该股未来需要突破该价位线才能保证涨势继续。

不过根据后市的发展来看，该股此次回调的耗时就比较长了，而且触底回升后也没有在第一时间突破该价位线，而是沿着它横向震荡，呈现出助涨动能不足的情况。不过好在 K 线的低点在不断上移，未来变盘向上的概率更大，谨慎型投资者要保持耐心，等待时机。

12 月上旬，时机终于到来，K 线在连续收阳的情况下终于突破了前期高点，进入了下一波拉升之中。此时场内外的投资者都可以尝试着追涨买进，或者加仓入场了。

一段时间后，第三个仙人指路出现，此次的压力线是 16.00 元价位线。在指示出该压力线后，股价照例进行了回调后继续上涨的过程，同时也顺利突破到了其上方。但后续的发展却不尽如人意，股价在 17.00 元价位线处受阻，随后形成了高位横盘震荡，并且还有变盘下跌的趋势。

这明显不太符合仙人指路的预期，不过结合当前该股的整体涨幅来看，该股似乎也到了应该深度回调整理，或者转入下跌的时候了。因此，谨慎型投资者最好趁着股价跌势没有彻底形成时借高出局，而惜售型投资者在发现 K 线收阴跌破 16.00 元价位线后也应当及时撤离了。

5.1.2 突破位关键缺口

关于缺口的具体含义和分类已经在 1.1.2 中有了详细解析，其中的突破缺口就是希望追涨的投资者需要重点关注的部分。

上升行情中的突破缺口自然就是 K 线在横盘或小幅震荡到后期时形成的一个向上跳空缺口，而股价能够借助这个缺口突破前期高点或关键压力线，如图 5-5 所示。

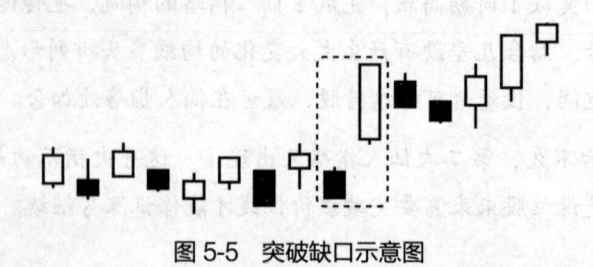

图 5-5 突破缺口示意图

突破缺口的信号强度会根据缺口的大小、突破后K线的涨跌性质及K线实体的大小而有所改变，不过在大部分时候，突破缺口都是股价继续上涨的标志，短线投资者可借助其进行追涨加仓。

下面直接来看一个案例。

实例分析

万兴科技（300624）突破缺口追涨时机

图 5-6 为万兴科技 2023 年 1 月至 4 月的 K 线图。

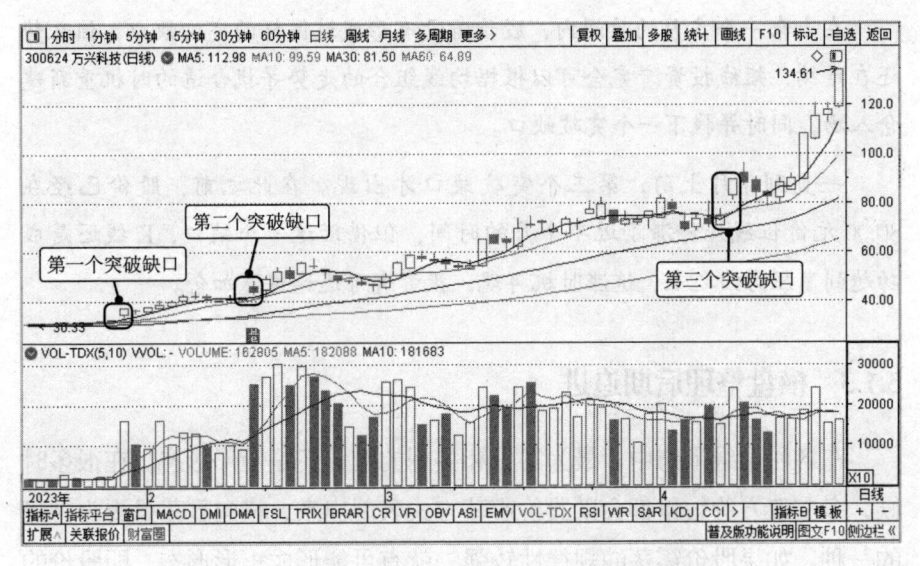

图 5-6 万兴科技 2023 年 1 月至 4 月的 K 线图

在万兴科技的这段走势中，K线在运行时形成了多个跳空缺口，但其中只有三个能称得上是突破缺口。

第一个突破缺口处于 2023 年 1 月底，股价从低位横盘的状态中脱离出来，形成的第一根有明显拉升意图的阳线就与前一根K线之间出现了跳空缺口。股价借助这个缺口一跃而起来到了更高的阶梯之上，同时也向市场传递出了拉升信号，短线投资者可迅速跟进。

第二个突破缺口则形成于下一波横盘走势的末期。股价在上涨到 40.00 元价位线处受阻后开始收出小 K 线整理。一直到 2 月中旬，K 线才再次向上跳空形成了又一个突破缺口。

不过由于该缺口形成的当日 K 线是收阴的，因此，未来股价可能会很快出现再次回调整理。若短线投资者不希望冒险，则可以暂时忽略该缺口，不在此继续增加筹码。

从后续的走势来看，该股在上涨数日后确实形成了又一次回调，但就这几日的上涨带来的收益也是比较可观的。那么当股价在 60.00 元价位线处遇阻回调时，已经收获两轮拉升收益的投资者就可以先行卖出兑利了。

在未来一个多月的时间内，股价都没有形成过像样的突破缺口，但涨势还在延续，短线投资者完全可以根据均线组合的走势寻找合适的时机重新建仓入场，同时寻找下一个突破缺口。

一直到 4 月上旬，第三个突破缺口才出现。在此之前，股价已经在 80.00 元价位线处停滞了近半个月的时间，但借助这一个缺口，K 线还是成功越到了压力线之上，追涨时机再现，投资者可迅速追涨加仓。

5.1.3 横盘整理后期追进

在各种中继形态中，最为常见和实用的应该还是矩形形态。在很多时候，多空双方的较量都会以股价震荡方式表现出来，横向震荡是更为常见的一种。如果股价震荡的规律性较强，就有可能形成矩形形态，即股价的震荡高点和低点都是大致走平的，如图 5-7 所示。

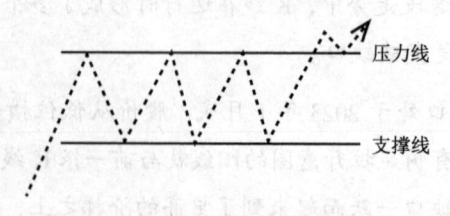

图 5-7　矩形整理形态示意图

在这种情况下，投资者就不太好判断具体的变盘时机了，因此，只能耐心观望。若矩形构筑时间较长，场内的短线投资者还需要先行离场，将前期收益落袋为安再说。

多数时候，股价会在上涨行情中的矩形整理结束后继续向上延伸，但也不能排除高位震荡后进入下跌的可能。因此，投资者最好等到上涨走势确定后再追涨，不要在震荡期间买进。

下面来看一个具体的案例。

实例分析
汇顶科技（603160）矩形形态追涨时机

图 5-8 为汇顶科技 2019 年 6 月至 2020 年 3 月的 K 线图。

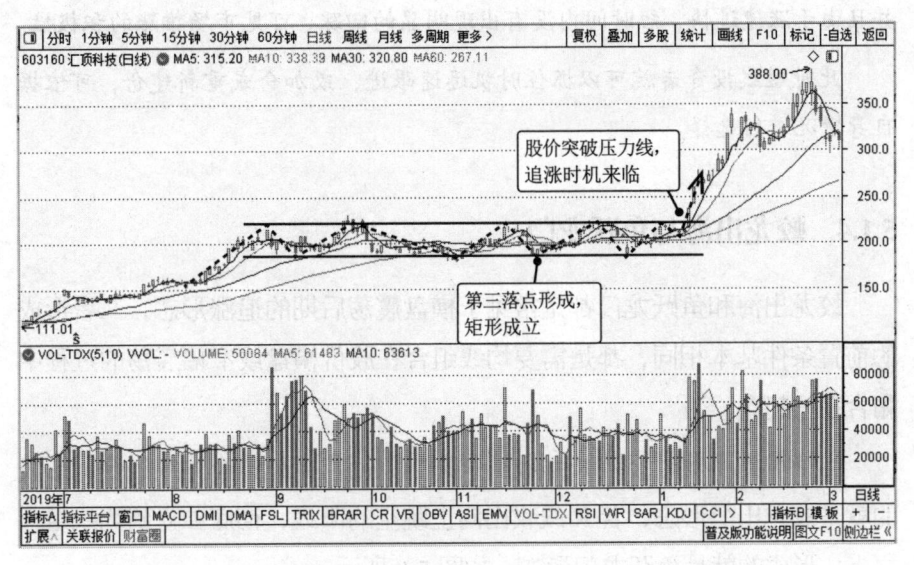

图 5-8　汇顶科技 2019 年 6 月至 2020 年 3 月的 K 线图

图 5-8 展示的是汇顶科技的一段上涨行情，不过在这段上涨之中股价经历了长达数月的停滞整理，而这段震荡走势也正好构筑出了矩形形态。

先来看前期走势，股价从 110.00 元价位线附近上行至接近 225.00 元价位线的位置只花费了两个多月的时间，中期涨速可以说是非常快的。

在价格短期翻倍的刺激下，场内积聚了大量亟待兑现的获利盘，再加上主力可能也需要通过整理来减轻后市拉升压力。进入 9 月后，该股长期的横盘震荡开始了。

在此次横盘震荡过程中，股价多次在接近225.00元价位线的位置受阻回落，又多次在200.00元价位线的支撑下止跌。在连续三次落点形成后，矩形整理形态也宣告成立了。

不过在第三落点出现时，股价已经横盘了近三个月的时间。如此长久的震荡已经导致大量短线投资者撤离了，场外投资者也需要耐心等待变盘时机到来才能作出相应决策。

就这样又过去了一个多月的时间，股价终于出现了低点上移、预备突破的迹象。2020年1月初，K线连续收阳上升强势突破了矩形形态的压力线，并且由于涨速过快，短时间内没有出现明显的回踩，可见市场推涨的积极性。

此时短线投资者就可以抓住时机迅速跟进，或加仓或重新建仓，可依据自身情况进行选择。

5.1.4 蛟龙出海与鱼跃龙门

蛟龙出海和鱼跃龙门都是常见于横盘震荡后期的追涨形态，二者形成的前置条件基本相同，都是需要均线组合在股价横盘或窄幅震荡的过程中黏合在一起。

当横盘到后期时，若K线收出长阳自下而上穿越整个均线组合，形成的就是蛟龙出海形态；若K线收出向上跳空的阳线，彻底独立到均线组合之上，形成的就是鱼跃龙门形态，如图5-9所示。

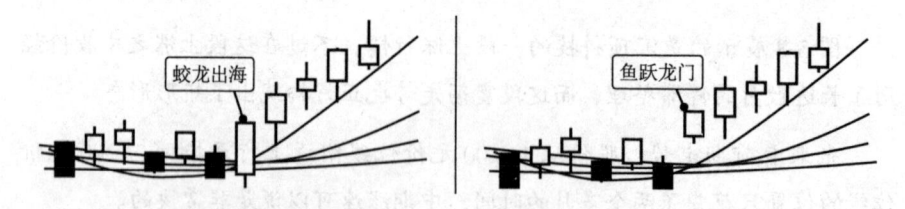

图5-9 蛟龙出海和鱼跃龙门示意图

由此可见，两种形态传递出的信号都是一样的，即震荡整理结束，行情即将回归上涨。K 线在突破当日收出的阳线实体越长，缺口越大，两个形态释放出的拉涨信号就越可靠、强烈，那么投资者也就可以在突破当时或后续涨势确定后抓住时机追涨跟进。

下面就通过景嘉微（300474）和赤峰黄金（600988）来分析两种形态的具体差异和应用。

实例分析

景嘉微和赤峰黄金中的蛟龙出海和鱼跃龙门形态

图 5-10 为景嘉微 2021 年 3 月至 8 月的 K 线图。

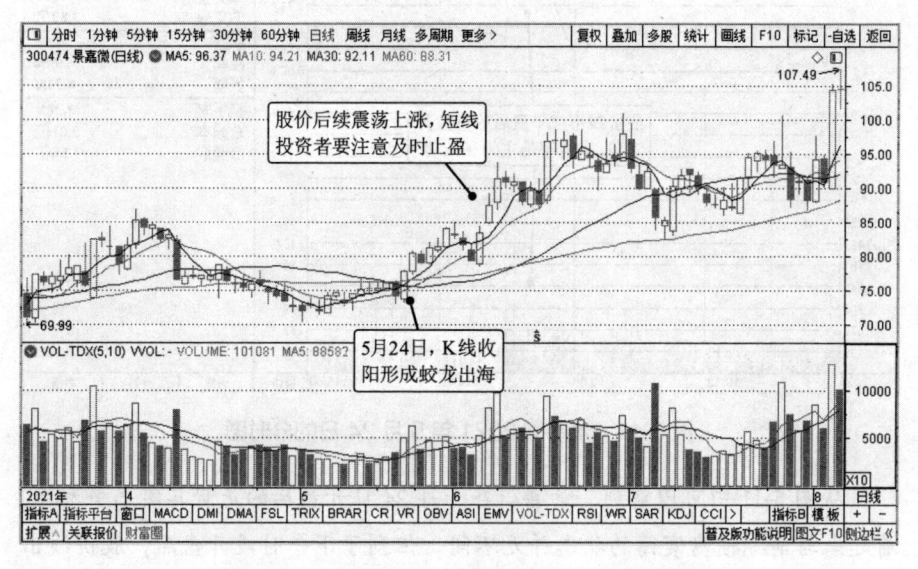

图 5-10　景嘉微 2021 年 3 月至 8 月的 K 线图

先来看景嘉微这段走势中的蛟龙出海形态，从图 5-10 中可以看到，该股前期在上涨到 85.00 元价位线附近后明显受阻，随后很快进入了回调整理之中。而且从后续的走势来看，该股此次的回调幅度较深，K 线都跌破了中长期均线，因此，很多短线投资者也及时撤离观望了。

一直到 2021 年 4 月底，股价跌至 70.00 元价位线上方才有了止跌企稳的迹象。在低位横盘一段时间后，均线组合逐步聚拢在一起形成黏合状态。

到了 5 月下旬，均线组合中的均线基本都产生了互相的接触，股价此时也小幅回升到了 75.00 元价位线上。5 月 24 日，股价突然大幅拉高，K 线收出了一根大阳线一举自下而上穿越了整个均线组合，形成了蛟龙出海的形态。不仅如此，当日的分时股价线走势也有很高的追涨参考价值。

下面来看 5 月 24 日的分时走势如何。

图 5-11 为景嘉微 2021 年 5 月 24 日的分时图。

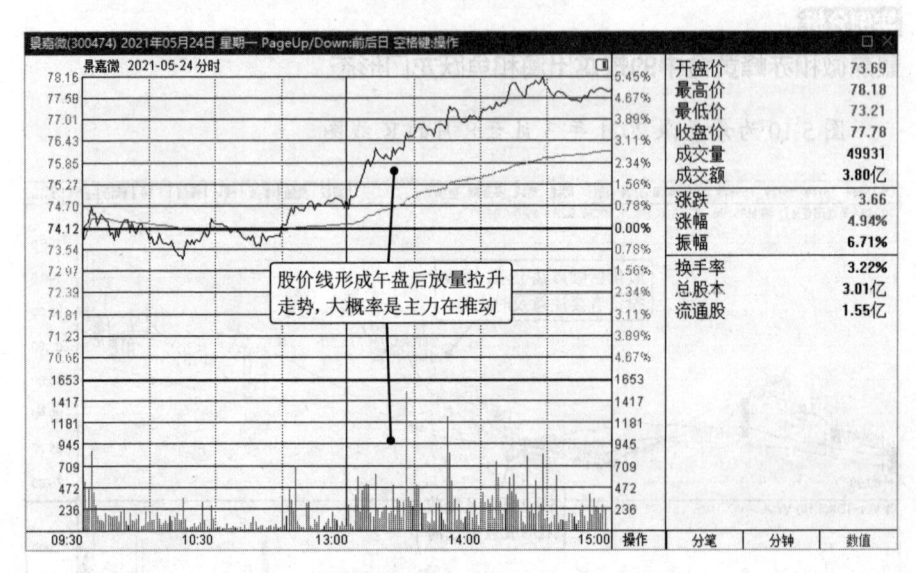

图 5-11　景嘉微 2021 年 5 月 24 日的分时图

从图 5-11 中可以看到，景嘉微在 5 月 24 日开盘后的走势其实平平无奇，看起来与前期横盘震荡的状态并无不同。但到了下午时段开盘后，股价线出现了快速的拉升，同时下方的成交量也明显放大，支撑着价格不断向上攀升，形成了午盘放量拉升的走势。

如此突兀的拉升和大幅的放量大概率是主力在进行操作，而其目的多半也是通知市场要开始注资推涨了，大量散户受到吸引会迅速跟进，帮助主力将价格拉得更高。

很快股价便在多方推动下冲到了当日最高价 78.18 元处。进入尾盘后股价虽有小幅回落，但最终仍旧以 4.94% 的涨幅收出了一根大阳线，成功突破了均线组合的压制，向短线投资者传递出明确的追涨信号。

接下来再来分析赤峰黄金中的鱼跃龙门形态。

图 5-12 为赤峰黄金 2020 年 5 月至 7 月的 K 线图。

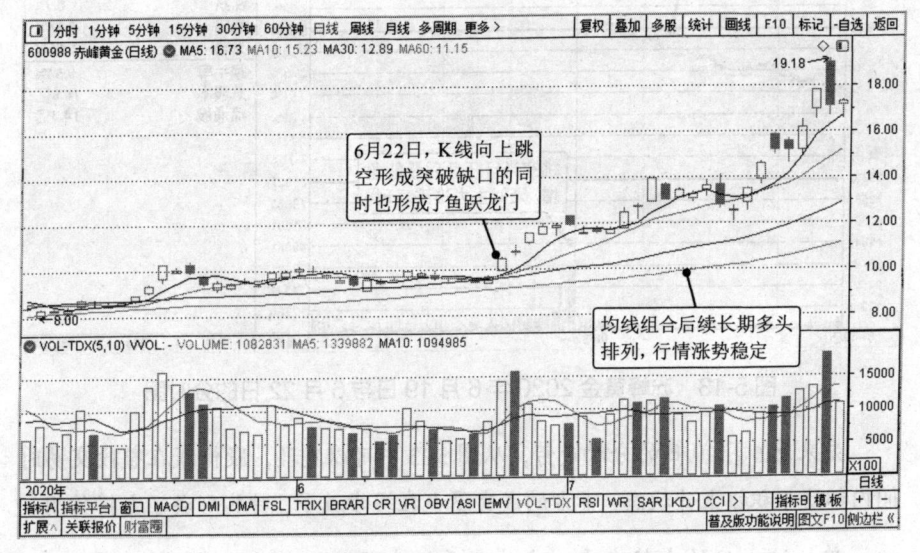

图 5-12　赤峰黄金 2020 年 5 月至 7 月的 K 线图

先来观察赤峰黄金在 2020 年 5 月至 7 月的走势情况，从中长期均线的表现来看，应当是处于上涨行情之中的。那么股价在 10.00 元价位线上受阻后形成的横盘震荡也应当是市场短暂整理的表现，因为 K 线的低点在不断上移，表明多方依旧是占优的。

随着 30 日均线和 60 日均线的不断迫近，K 线的震荡区间越来越小，均线组合也逐步黏合到了一起。最终股价于 6 月下旬形成了变盘，6 月 22 日，K 线收出一根向上跳空的阳线，成功越到了整个均线组合之上，并且还突破了 10.00 元价位线的压制，形成了一个突破缺口。

鱼跃龙门与突破缺口的同时出现无疑传递出了极为强烈的拉升信号，下面进入突破当日的分时走势中观察其中有何特殊变化，主力又会留下哪些操作痕迹。

图 5-13 为赤峰黄金 2020 年 6 月 19 日与 6 月 22 日的分时图。

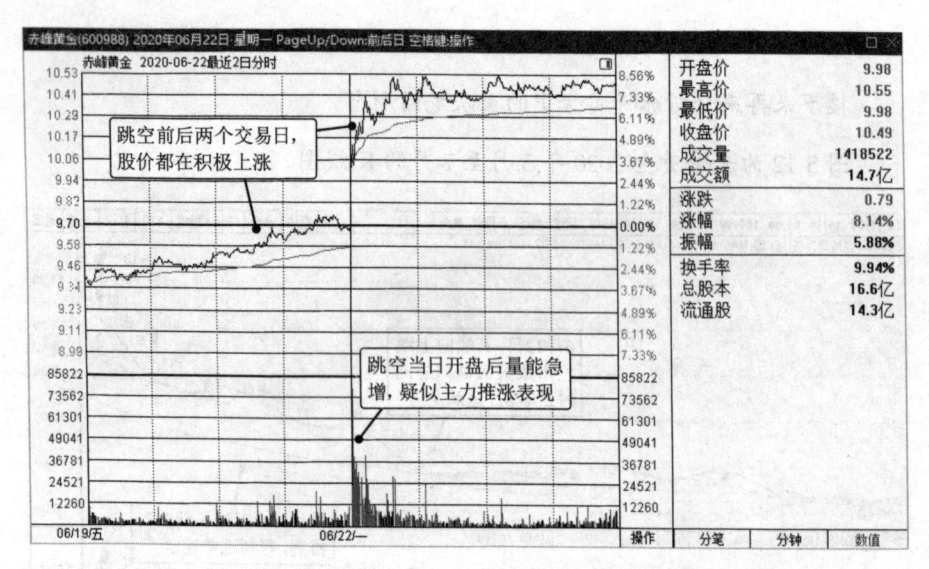

图 5-13　赤峰黄金 2020 年 6 月 19 日与 6 月 22 日的分时图

先来看 6 月 19 日的分时走势，从图 5-13 中可以发现，股价线在整段交易时间内都处于积极上升状态，下方的成交量也在缓步放量，对其形成了支撑作用。

单从这一日的走势来看，主力似乎还未明显介入，不过到了 6 月 22 日开盘时投资者就能看出明显的痕迹。

首先，成交量在开盘后第一分钟形成了巨量量柱，将原本就大幅跳空高开的价格继续上推。其次，后续量能虽有缩减，不过相较于前日依旧是很庞大的一股推动力，股价受其缩减影响涨速有所减缓，但最终还是以 8.14% 的涨幅收出了一根大阳线。

很显然，这就是主力预备继续拉升的标志。结合 K 线图中股价成功突破压力线的走势及后续形成的长期、稳定的多头排列形态来看，股价已经回归了上涨走势，短线投资者应抓住时机在合适的位置追涨。

5.2　回踩整理位置抓住时机

很多时候股价也会通过下跌的方式来进行整理，因此，投资者也不能忽略在回调下跌过程中形成的特殊追涨形态。

5.2.1　上升趋势中的下降整理

上升趋势中的下降整理主要指的是下降旗形和下降楔形两种整理形态。这两种整理形态与前面介绍过的整理三角形和矩形类似，都是上涨行情中会出现的中继形态，不过它们是以震荡下跌的方式进行的，对短线投资者的威胁更大。

下降旗形是股价震荡下跌的过程中，高点与低点规律性下移，分别连线形成的一个平行四边形，看起来仿佛一面旗子，如图 5-14（左）所示。下降楔形也是股价震荡下跌形成的，但高点与低点下移的速度并不相同，导致震荡区间呈收敛状态，点位连接后会形成一个类似于楔子的形态，如图 5-14（右）所示。

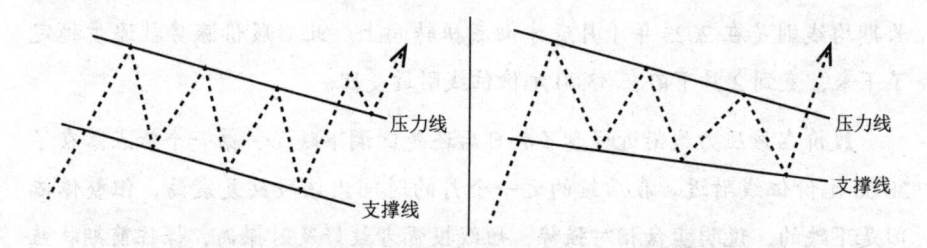

图 5-14　下降旗形（左）和下降楔形（右）示意图

在这两种整理形态的构筑过程中，短线投资者不仅不宜参与，还应当在回调形成后及时撤离，毕竟当前价格处于下跌状态，快进快出的短线投资者需要尽量避开，等到整理结束，股价突破压力线后投资者才可追涨介入。

下面来看一下迪瑞医疗（300396）和德方纳米（300769）的下降整理形态。

实例分析
迪瑞医疗和德方纳米的下降整理形态

图 5-15 为迪瑞医疗 2022 年 12 月至 2023 年 6 月的 K 线图。

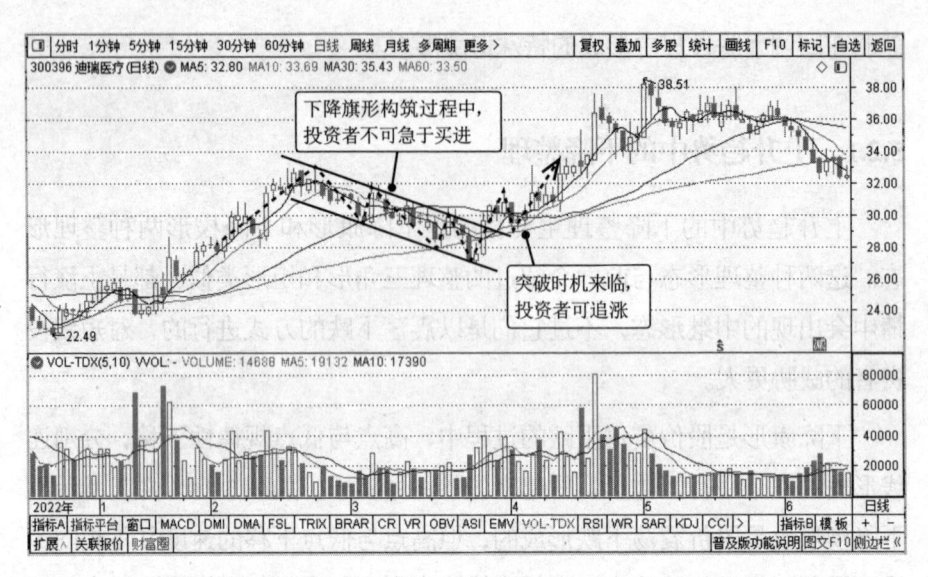

图5-15 迪瑞医疗2022年12月至2023年6月的K线图

在迪瑞医疗的这段走势中,股价从2022年12月底开始进入上涨,而中长期均线则是在2023年1月底才彻底扭转向上。此后股价涨势就逐步稳定了下来,直到2月下旬在33.00元价位线附近受阻。

股价在该压力线附近横盘了数日后还是回调下跌了,第一个低点落在了30.00元价位线附近。在后续的近一个月的时间内该股反复震荡,但整体依旧是下跌的,说明卖盘相对强势,短线投资者最好及时撤离,保住前期收益后保持观望。

到了3月底,股价已经跌到了28.00元价位线之下,短期跌幅还是比较大的。而此时分别连接震荡过程中形成的高点与低点,可以发现,该股已经构筑出了一个下降旗形整理形态,并且有效性也得到了验证。

股价很快止跌企稳并大幅收阳拉升形成了突破迹象,短线投资者应高度关注。3月底,K线成功突破了下降旗形的上边线,并在后续的回踩中确认了下方支撑力,随后继续上升。

这就是一个很明显的整理结束标志,也是短线投资者应当迅速抓住的追涨机会。不过谨慎型投资者还是可以等待数日,在涨势确认后再跟进。

接下来分析德方纳米中的下降楔形形态。

图 5-16 为德方纳米 2020 年 9 月至 2021 年 7 月的 K 线图。

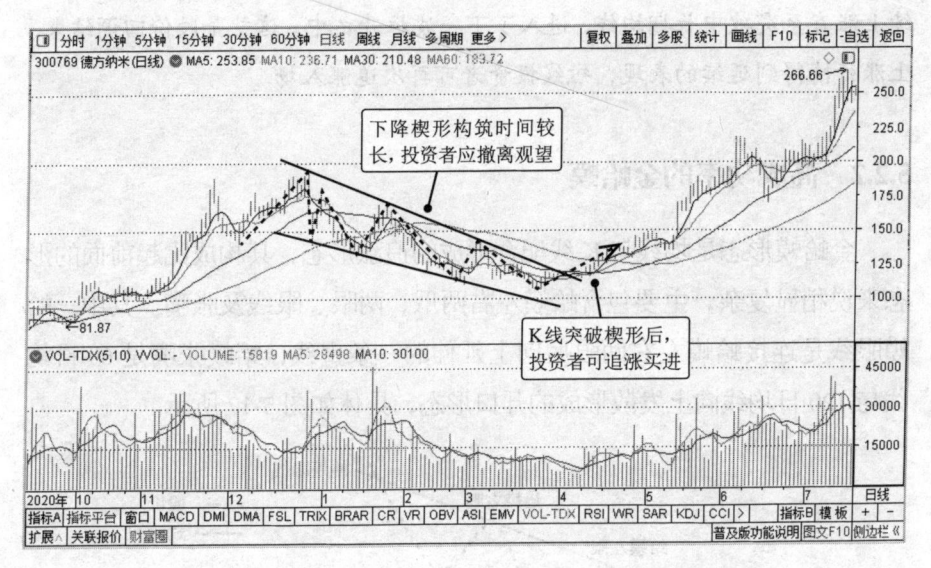

图 5-16　德方纳米 2020 年 9 月至 2021 年 7 月的 K 线图

整体来看德方纳米是处于上涨之中的，尤其是在 2020 年 10 月至 11 月，股价的涨速极快，两个月的时间就从最低 81.87 元一路上涨至接近 200.00 元价位线，价格已经实现了翻倍，短线投资者获利巨大。

不过该股后续在 200.00 元价位线处多次尝试突破都宣告失败，最终于 12 月底出现回调下跌，进入震荡整理之中。

在经历了一个多月的下跌后，股价落到了 125.00 元价位线附近，跌幅还是比较大的，并且中长期均线都出现了扭转向下的迹象。短线投资者在无法判断后市是彻底下跌还是深度回调的情况下，需要尽快撤离观望。

2 月底，股价小幅跌破 125.00 元价位线后很快止跌企稳，形成又一次反弹。这时，分别将此次震荡下跌的高点与低点连线，便可得到一个验证了有效性的下降楔形。由此可见股价下跌的规律性比较强，并且下跌过程是可控的，未来并非没有变盘上涨的可能，短线投资者可给予一定关注。

3 月下旬，股价再度形成一个低点，但明显落在了稍高于下降楔形下边线的位置，说明股价可能在后续会有所突破。

这样的推测在 4 月得到了验证，股价成功越过下降楔形的上边线，并连续上涨直至突破中长期均线，进入了下一波拉升之中。这就是股价回调结束、上涨行情得到延续的表现，短线投资者可再次追涨入场。

5.2.2 高成功率的金蛤蟆

金蛤蟆形态是均线与 K 线配合形成的追涨形态，其构成比起前面的形态来说稍显复杂，主要包含蛤蟆左右两爪、两眼、眼线及张嘴。其中，蛤蟆眼线是连接蛤蟆左右两眼后向上延伸的一条直线，蛤蟆张嘴是 60 日均线与 120 日均线向上发散形成的开口形态，具体如图 5-17 所示。

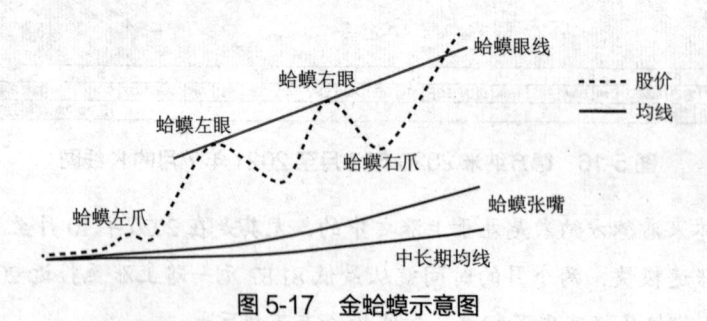

图 5-17 金蛤蟆示意图

从图 5-17 中可以看到，金蛤蟆其实就是股价在上涨初期反复震荡形成的具有特殊意义的看涨形态。其中的蛤蟆眼线是关键，它的作用类似于仙人指路，股价后续能否对其形成突破是行情是否能够延续的关键。

除此之外，如果 K 线能够在突破蛤蟆眼线的同时形成向上跳空的缺口，那么金蛤蟆将会进阶为蛤蟆跳空形态，其形态释放出的看多信号就会进一步增强。

对于短线投资者来说，整个金蛤蟆构筑过程中存在大量的追涨机会，比如蛤蟆左右两爪处、蛤蟆两眼之间的低谷、蛤蟆眼线被突破的位置等。不同操作风格的投资者可根据自身情况决定具体的介入位置。

下面来看一个具体的案例。

实例分析

剑桥科技（603083）金蛤蟆追涨时机

图 5-18 为剑桥科技 2022 年 12 月至 2023 年 4 月的 K 线图。

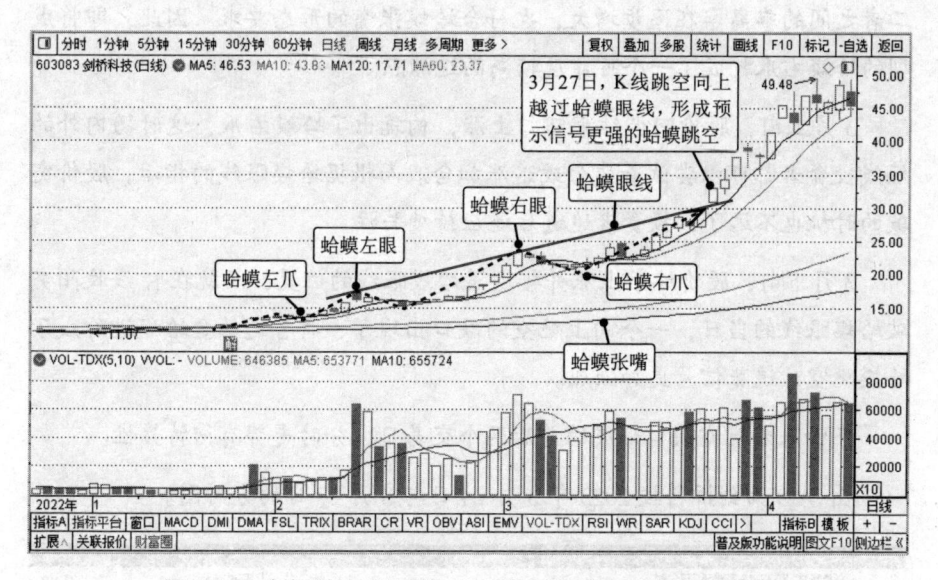

图 5-18　剑桥科技 2022 年 12 月至 2023 年 4 月的 K 线图

在剑桥科技这段走势中，金蛤蟆的形态是比较清晰的，它从 2023 年 1 月中旬就开始构筑了。股价先是从长期低位横盘的状态中脱离出来，逐渐上升到黏合的均线组合之上，并带动短期均线向上远离中长期均线。

到了 2 月初，股价涨势短暂停滞，不过数日后便踩在 5 日均线上继续上行。这一次股价一直上涨到了接近 17.50 元价位线的位置才滞涨，后续又一次进行了回调整理。

在 2 月下旬，股价落到 15.00 元价位线上横盘整理，低点没有跌破前期，说明市场对于该股依旧是高度看好的。并且从短期来看，该股的涨速并不慢，许多短线投资者已经在上涨过程中跟进了。

2 月底，股价开始缓慢上升，最终以连续收阳的走势成功突破到了前期压力线之上。不过仅仅数日之后，该股就在 25.00 元价位线下方受阻，再度形成回调。

这时细心的投资者已经可以看出金蛤蟆的形态雏形了，毕竟蛤蟆左爪、左右两眼都已经出现，蛤蟆右爪也即将成型。

除此之外，下方一直缓慢变动的60日均线和120日均线也在持续上行，二者之间的乖离率在逐步增大，也符合蛤蟆张嘴的形态要求。因此，即将成型的蛤蟆右爪就成了一个可靠度较高的追涨点。

3月上旬，股价回调结束回归上涨，构筑出了蛤蟆右爪，这时场内外的短线投资者都可以尝试着建仓或追涨加仓。而根据蛤蟆眼线的指示，股价突破的时机也不远了，投资者追进后还应持续关注。

3月下旬，股价终于上涨并接近了蛤蟆眼线的位置，而就在K线收阳突破蛤蟆眼线的当日，一个向上跳空的缺口出现了，将普通的金蛤蟆进阶成了蛤蟆跳空，追涨信号更加强烈。

下面来看跳空缺口形成的前后两个交易日，分时走势有何特异性。

图5-19为剑桥科技2023年3月24日与3月27日的分时图。

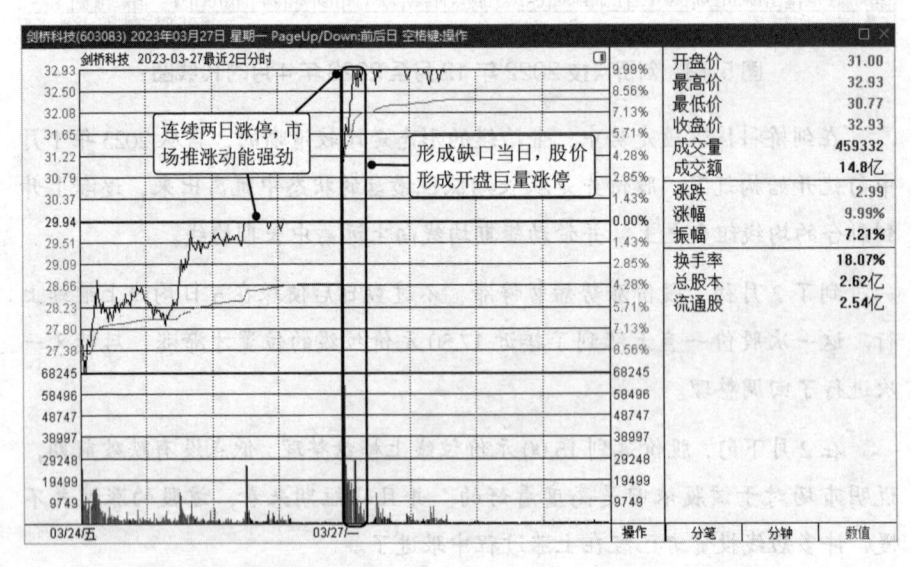

图5-19 剑桥科技2023年3月24日与3月27日的分时图

3月24日是缺口形成前的一个交易日，也是距离蛤蟆眼线最近的一个交易日。从其分时走势可以看到，当日股价线的走势非常积极，开盘后几分钟内出现了放量急速推涨的走势，后续震荡整理了一段时间后又踩在均价线上继续上行，最终在下午时段涨停，以大阳线报收。

而次日股价更是大幅向上跳空，以高价开盘后继续快速上行，同时下方成交量也出现了集中放量进一步推动股价涨停，形成了开盘巨量涨停形态。虽然股价在后续多次开板交易，但开板幅度都不大，并且下午时段之后又持续封板，直至收盘。

连续两个交易日的涨停加上 K 线之间的跳空缺口及对蛤蟆眼线的突破，多重看涨信号集中形成，完全可以有效预示出后市的积极拉升。那么短线投资者就可以尝试着再次加仓，抓住后续涨幅。

5.2.3　两次整理金银山谷

金银山谷需要股价多次回调整理才能形成。它由三条均线构筑，其中周期最短的均线要自下而上穿越另外两条均线，并带动中等周期均线上行，突破周期最长的均线，三线最终形成一个封闭的、尖角朝上的不规则三角形，这就是山谷。

金银山谷的构筑条件都是相同的，唯一的差别在高低位置和形成时间上。银山谷形成于前期较低的回调位，金山谷则紧随其后形成于下一个回调低位，如图 5-20 所示。

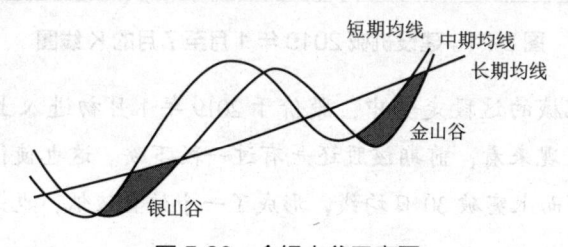

图 5-20　金银山谷示意图

需要注意的是，金银山谷之间不能形成额外的山谷或其他三线交叉上行的形态，否则形态的连续性会受到影响。

除此之外，均线组合的选择也是多样化的，投资者既可以选择 5 日均线、10日均线和30日均线的组合,也可以选择20日均线、30日均线和60日均线的组合,具体根据投资者自身的操作风格而定。

为符合短线投资者的操作需求,下面就使用5日均线、10日均线和30日均线的组合,利用案例展示金银山谷的追涨时机分析。

实例分析

建设机械(600984)金银山谷追涨时机

图5-21为建设机械2019年1月至7月的K线图。

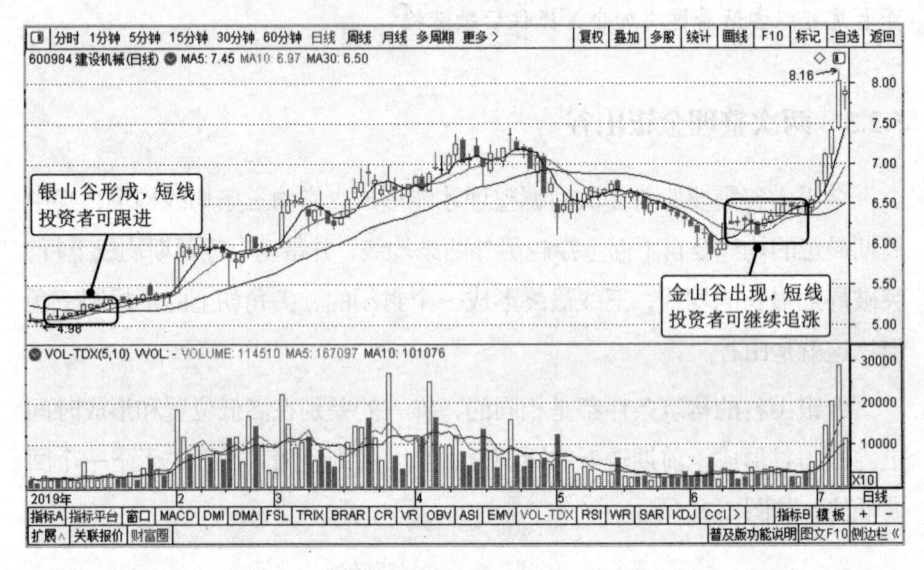

图5-21 建设机械2019年1月至7月的K线图

在建设机械的这段走势中,股价于2019年1月初进入上涨,不过从30日均线的表现来看,前期该股还是有过一段下跌。这也使得5日均线和10日均线自下而上突破30日均线,形成了一个位置较低,也是近期的第一个山谷形态。

单单凭借这个山谷,许多短线投资者就已经可以尝试着跟进建仓了。而且后续股价的涨势也逐步稳定了下来,K线开始与短期均线一同震荡上扬。

若60日均线能够显示出来,投资者会发现K线与均线组合之间形成的是规整的上山爬坡形态，短线投资者可继续持有或分段操作。

一直到 4 月中旬，两条短期均线都没有再与 30 日均线形成过交叉。但随着股价在 7.50 元价位线处受阻后回调整理，短期均线也被带动着向下靠近并很快跌破了 30 日均线，宣告这一波上涨到尽头了。

前期积极的上涨导致后续回调时间也有所拉长，该股一直跌到 6 月初才暂缓下降，开始蓄积力量重拾升势。在经过半个多月的努力后，股价终于成功突破到了 30 日均线之上。在此期间，5 日均线和 10 日均线也被先后带动扭转向上突破了 30 日均线的压制，形成又一个山谷。

从图 5-22 中可以发到，该山谷的位置相较于 1 月初的山谷明显抬高，并且二者之间没有出现别的山谷，说明它们形成的金银山谷是有效的。也就是说，该股在后续大概率会迎来更加迅猛的上涨。场外的短线投资者可以趁此机会迅速跟进，已经买进的投资者则可以适当加仓。

5.3　分时图中也可以追涨

短线投资者虽然受限于股市交易规则无法将当日买进的筹码在当日卖出，但如果只是单纯地追涨加仓，则没有这方面的限制。因此，短线投资者如果遇到了合适的时机，是可以尝试着在分时走势中二次追涨的，这样后续能够获得的收益也会相应增加。

至于二次追涨的时机，有多种分析方法和技巧可供借鉴，比如前面介绍过的分时关键时段的量价特殊走势、分时股价线的底部形态等。除此之外，还有一些常见的、投资者易忽略的走势或形态，下面进行逐一介绍。

5.3.1　股价线二次拉升

股价线的二次拉升无疑是一个很好的追涨机会，尤其是当外部环境适宜，即 K 线整体处于上涨过程中或即将拉升的时刻，短线投资者更需要通过多次加仓来增加获利筹码。

不过如何判断股价线的二次拉升是一个问题，在前面几章的内容中已经介绍过了一些判断技巧，比如利用股价线与均价线之间的交叉、支撑关系，观察关键交易时段中的量价关系等。本节就从分时技术指标的角度来观察合适的追涨时机。

一般来说，在 K 线图中能够使用的技术指标，在分时图中也能表现出相应的特性，比如均价线就是 K 线图中均线的另一种表现形式。而一些指标如 MACD 指标、KDJ 指标、布林指标等，就需要叠加在副图中使用了。

下面直接进入案例进行分析。

实例分析

海源复材（002529）股价线二次拉升追涨

图 5-22 为海源复材 2021 年 6 月至 9 月的 K 线图。

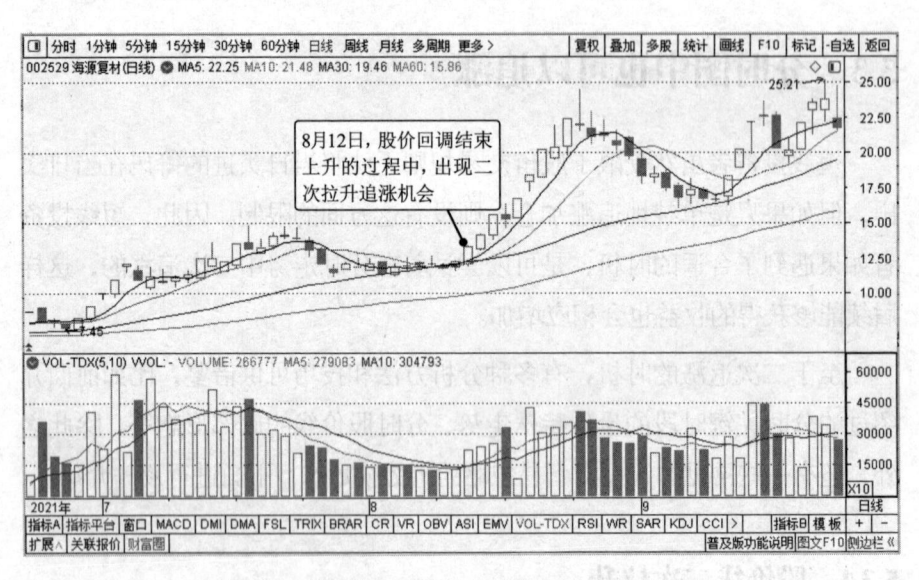

图中标注：8月12日，股价回调结束上升的过程中，出现二次拉升追涨机会

图 5-22　海源复材 2021 年 6 月至 9 月的 K 线图

在利用分时技术指标寻找追涨时机之前，投资者首先需要确定的是外部 K 线走势的积极性。来看海源复材的这段走势，可以发现，该股正长期处于

上涨行情之中，2021年7月下旬，股价在15.00元价位线处受阻后形成了一次幅度不大的回调，低点落在了30日均线附近。

该股在30日均线的支撑下横盘震荡了半个多月的时间，随着均线的持续上行，K线的震荡幅度也越来越小。最终，该股于8月12日明显变盘向上，形成了拉升标志。

那么在产生突破的当日，股价线会不会形成二次拉升的追涨机会呢？下面来看8月12日的分时走势。

图5-23为海源复材2021年8月12日的分时图。

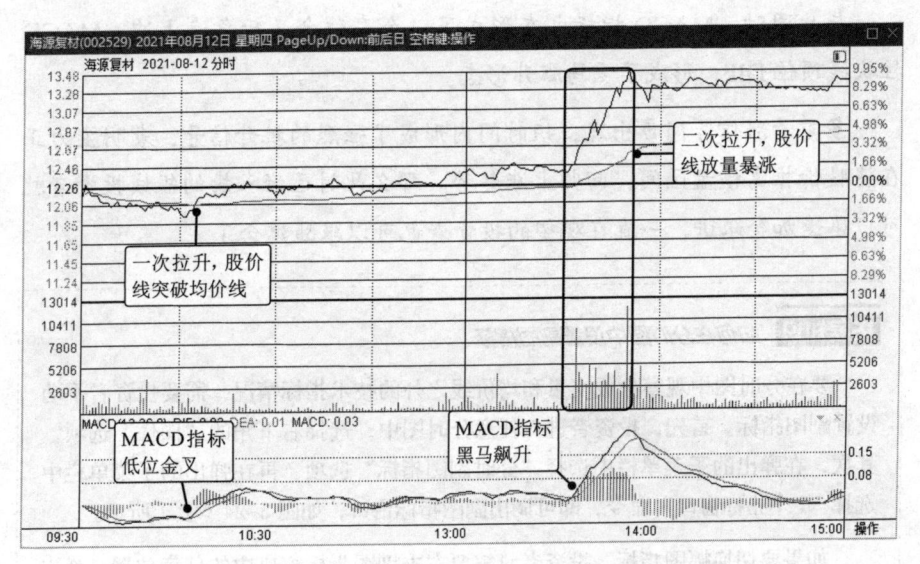

图5-23　海源复材2021年8月12日的分时图

在8月12日开盘后，股价线很快便落到了均价线之下，与前期一样呈现出小幅震荡的走势。与此同时，下方的MACD指标线也运行到了零轴之下，证实了当前市场的低迷。

但在10:00之后，股价线形成了企稳回升走势，几分钟后就成功突破到了均价线之上。MACD指标在同一时刻也在零轴之下形成了一个低位金叉，并伴随着股价线后续的上升而持续上扬，最终来到了多头市场之中。

对于短线投资者来说，这确实是一个买进时机，但由于股价线后续也只是上升到了前日收盘价附近便止步不前，整体来看与前期的窄幅震荡没有什么差别，许多投资者依旧更倾向于留在场外观望。这样的选择也是合乎情理的，不过一些激进型投资者还是可以尝试着跟进。

继续来看后面的走势。该股一直到临近早间收盘时才出现了突破前日收盘价、前往更高位置的迹象，为后市上涨带来了希望。

下午时段开盘后，股价线维持住了当前的高度，不过依旧没有太强势的表现。但在13:30之后，成交量突然集中放出巨量带动股价线迅速上行，形成了斜线锯齿状上涨，涨速极快，很明显是主力在进行操作。

与此同时，MACD指标也在形成了一个高位金叉后急速上冲，MACD柱状线顶住DIF，形成了黑马飙升形态。

多重看涨信号同步出现，短时间内形成了强烈的拉升信号，表明主力正在将股价推离横盘区间，回归上涨趋势。那么此时已经入场的短线投资者就可以迅速加仓跟进，一直在观望的投资者也可以跟随建仓了。

拓展知识 *如何在分时图中设置副图指标*

要在分时图中观察除成交量和均价线之外的技术指标情况，需要投资者手动设置副图指标。首先，投资者进入任意分时图中，选择右下角的"操作"选项，其次，在弹出的子菜单栏中选择"分时副图指标"选项，再在弹出的子菜单栏中选择"1个指标窗口"命令，即可调出副图指标窗口，如图5-24（上）所示。

如果要切换幅图指标，投资者只需要右击副图指标窗口中的任意位置，弹出的子菜单栏中会显示一些常用指标，选择即可切换，如图5-24（下）所示。若投资者想选择其他指标，还可以选择左侧的"选择分时指标"选项，寻找更多技术指标投入使用。

注意：由于分时图中的成交量柱是固定显示在股价线和均价线之下的，因此，多增加的副图指标窗口并不会挤占成交量的位置，这一点相信投资者在前述案例中已经有所体会了。若投资者想同时观察多个技术指标的情况，可以选择设置多个指标窗口，具体切换方式与上述一致。

第 5 章　具体定位追涨位置

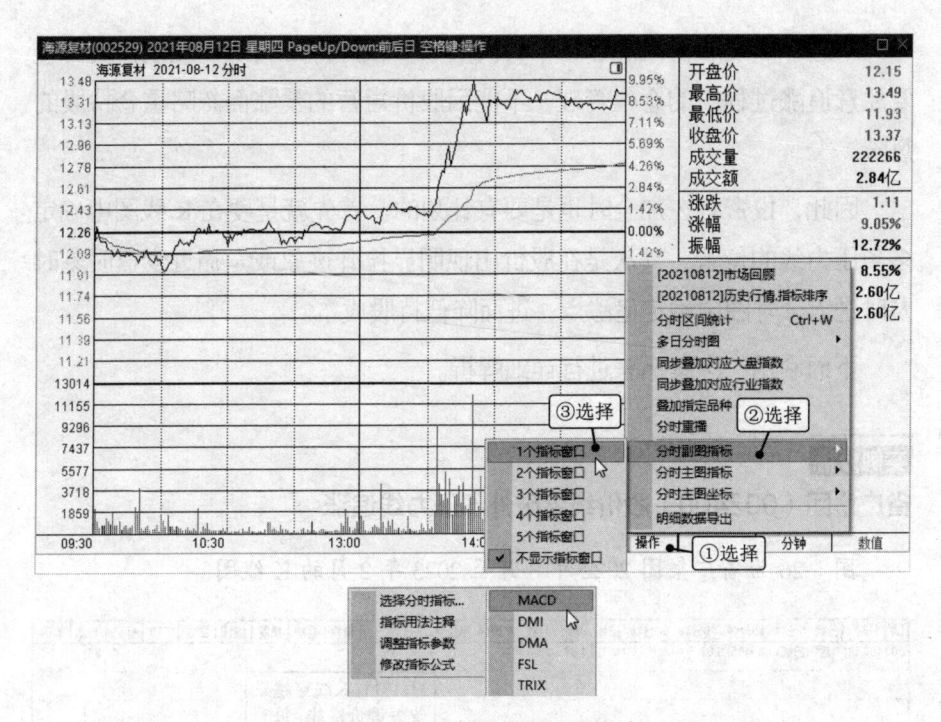

图 5-24　分时副图指标设置方法

5.3.2　突破外部关键压力线

股价线对外部关键压力线的突破也是短线投资者需要重点关注的追涨时机。而对这些关键压力线的确定和突破时机的把握，还是需要根据对外部 K 线走势及突破当日 K 线能够实现的涨幅大小的分析来决定。涨幅越大，股价线能够突破的压力线就越多，甚至能帮助投资者进行多次追涨加仓操作，如图 5-25 所示。

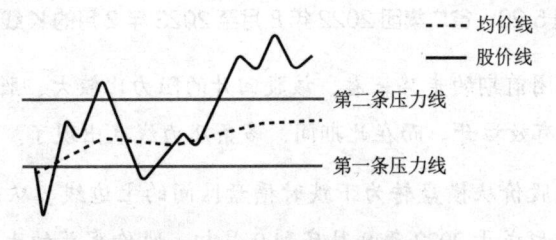

图 5-25　股价线突破压力线示意图

不过，即便股价线能够在单日内突破多根外部压力线，短线投资者也要注意追涨过程中的仓位管理，不能因股价短暂的暴涨而忽略重仓持股的风险。

因此，投资者在加仓时也是要有计划的。首先就是要在 K 线图中确定多条压力线的位置，其次是在股价出现明显拉升迹象或是逼近变盘时刻时及时进入分时图中确定追涨点，进而降低持股成本。

下面利用一个案例来进行详细解析。

实例分析
省广集团（002400）股价线突破外部压力线追涨

图 5-26 为省广集团 2022 年 8 月至 2023 年 2 月的 K 线图。

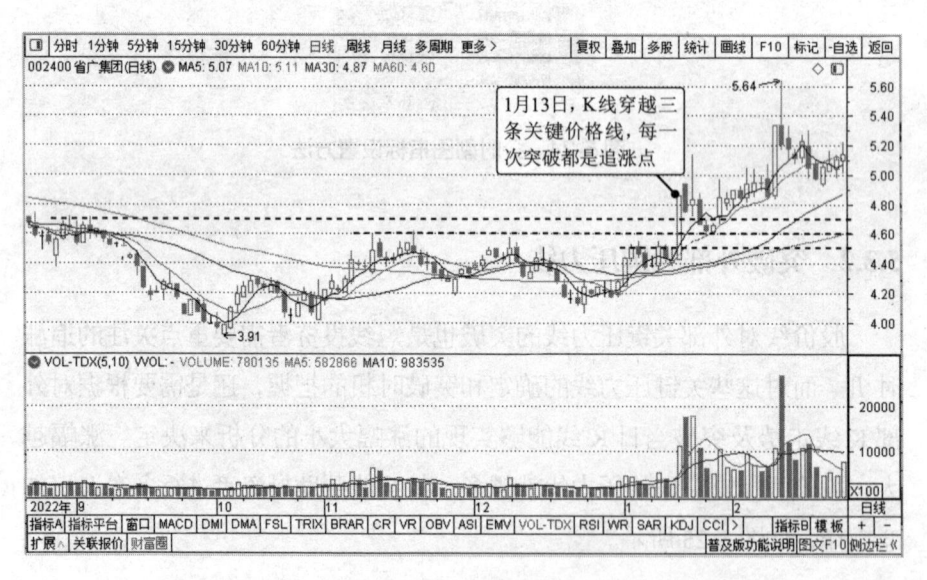

图 5-26 省广集团 2022 年 8 月至 2023 年 2 月的 K 线图

从省广集团前期的走势来看，该股回升的阻力比较大，股价多次上冲都没能彻底实现有效拉升。而在此期间，多条压力线也出现了。

首先就是股价从横盘转为下跌时横盘区间的上边线。从图 5-26 中可看到，该压力线形成于 2022 年 8 月底到 9 月初，股价震荡的上边线在 4.70 元左右，这是一条关键线，需要投资者记录下来。

其次就是股价跌到 4.00 元价位线之下，企稳后开始反弹。第一波拉升之后，股价在 30 日均线上受阻形成了回调整理。不过此次回调没有跌破前期低点，说明股价可能有转势迹象，投资者要开始关注了。

第二次股价拉升后在 4.60 元价位线附近受阻，数日后再度上冲依旧失败，这就确定了又一条压力线。11 月底，股价回调至 4.20 元价位线上企稳继续上涨，不过之后依旧在 4.60 元价位线处停滞不前，进一步确认了该压力线的关键性。

后续股价再次下跌，落到了稍低于前期低点的位置企稳震荡，最终于 12 月底转势上涨。不过此次拉升也是受到了阻碍的，股价在 4.50 元价位线处短暂停滞，小幅震荡了一段时间，证明这也是一条压力线。

2023 年 1 月 13 日，股价反复震荡的走势终于迎来了转机，K 线收出了一根实体极长的涨停大阳线连续突破三条压力线，预示拉升的到来。

下面就来看当日的股价线是如何突破三条压力线的。

图 5-27 为省广集团 2023 年 1 月 13 日的分时图。

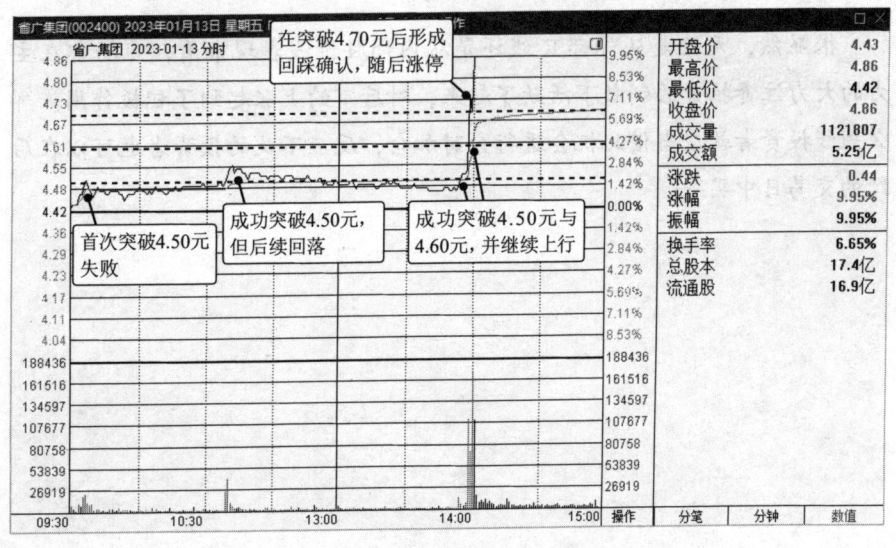

图 5-27　省广集团 2023 年 1 月 13 日的分时图

图 5-27 中已标示出了外部三条关键压力线的位置，从该股在 1 月 13 日的分时走势来看，股价线在开盘后就有冲击 4.50 元价位线的意图，但没能成功，而是长期徘徊在其下方窄幅震荡。

一直到 10:30 之后，股价线才在一股明显放大的量能支撑下成功突破到了该压力线之上，但后续却没能维持住高位运行，而是缓慢回落，最终于下午时段回到了 4.50 元价位线之下。

至此，股价都没有表现出明显的拉升迹象，甚至还因为缓慢的回落而流失了不少资金支持。因此，谨慎型投资者还是建议留在场外观望。

这样低迷的走势一直持续到 13:50，此后几分钟内，成交量突然放出巨大量能，单根量柱甚至达到了 100 000 手以上，很明显是主力在注资。观察股价线也可以发现，价格出现了短期急速暴涨的走势，在短短几分钟内就接连冲破了 4.50 元和 4.60 元价位线的压制，并且继续上扬，看涨的信号极为明显，反应快的投资者已经快速跟进了。

13:59 左右，股价线成功突破了最后一条压力线，即 4.70 元价位线。在此之后股价出现了短暂的回踩，确认下方支撑力同时稍微释放抛压后，在巨量量柱的支撑下急速拉升，最终达到涨停。

很显然，无论是从外部 K 线还是从内部股价线表现来看，市场都在主力的大力注资拉升的刺激下活跃了起来，对后市的上涨起到了积极作用。那么短线投资者就应当借此机会进行分时加仓，反应不及的投资者也可以在后续的交易日中买进。

第 6 章

上升追涨实盘演练

对短线追涨技术理论知识的学习只是第一步，短线投资者还需要将其应用到具体的实战中。在真实的分析过程中，股价很可能不会按照投资者的预想轨道运行，这就非常考验投资者的随机应变能力。同时，对于不同操作风格的投资者来说，追涨时机的选择也大有不同。

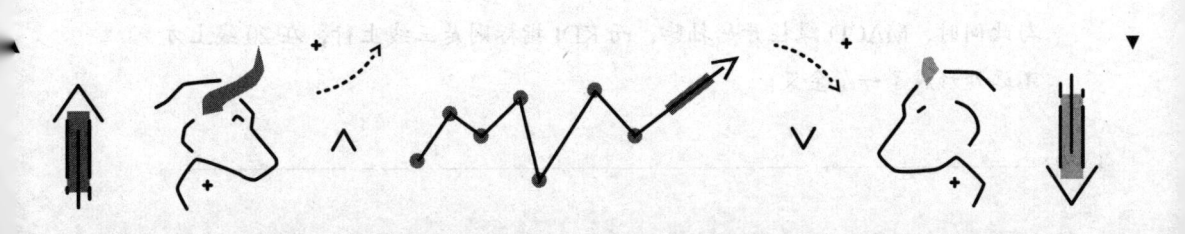

6.1 三棵树：稳定性追涨计划

稳定性的追涨计划更适用于谨慎型投资者，因为计划中的追涨点普遍偏高，有时候还需要等到上涨趋势稳定下来，或是多指标、多形态共同发出看涨信号时投资者才会买进，因此，风险相对偏低。

下面以三棵树（603737）为例，详细讲解谨慎型投资者在上涨行情中如何制订相对稳妥的追涨计划。

6.1.1 回调结束后的初次追涨

投资者要追涨加仓，首先要做的自然是选择一只涨势良好的股票，在其中的适宜位置建仓入场才能为后续的追加打下基础。如果个股拉升速度够快，初步低吸与第一次追涨之间可能不会相隔太久。

三棵树曾经有过一段涨势强劲的牛市行情，下面就来看一下在牛市运行的过程中，短线投资者如何借助各种信息建仓，以及在何时加仓追涨。

实例分析
建仓后抓住时机继续追加

图 6-1 为三棵树 2020 年 3 月至 5 月的 K 线图。

先来看三棵树前期的下跌走势，在 2020 年 3 月初，该股从 35.00 元价位线之上滑落，一路向下跌破中长期均线后来到了 30.00 元价位线之下。在下跌的过程中，K 线持续收阴，低点下移，但下方的成交量却出现了明显的放量，二者形成了量增价跌的背离。

根据前面介绍过的量价关系得知，回调过程中的量增价跌很可能是主力震仓清盘及预备拉升的表现，投资者要注意随时可能到来的反转。

3 月下旬，K 线收出一根阴锤子线，在 25.96 元的位置触底后开始回升。与此同时，MACD 绿柱开始抽脚，而 KDJ 指标则是三线上行，在 20 线上方不远处形成了一个金叉。

显然这就是反转时机了，但由于股价短时间内尚未形成明显上涨迹象，谨慎型短线投资者不必急于建仓。

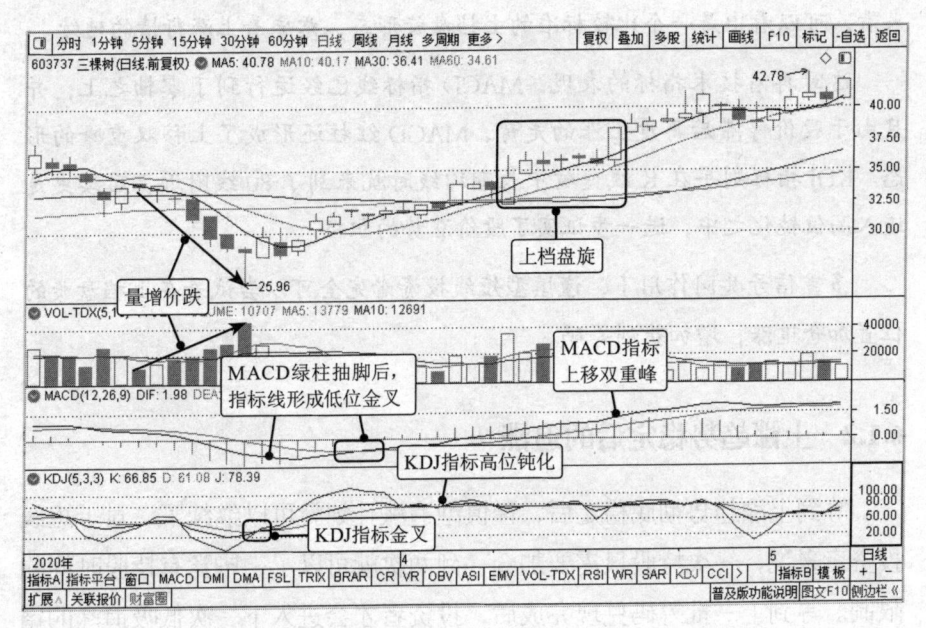

图6-1　三棵树2020年3月至5月的K线图

继续来看后面的走势。低位震荡数日后，K线开始收阳向上突破了30.00元价位线，但在30日均线和60日均线处受阻，再次形成横盘震荡。此时来观察技术指标，可以发现，MACD指标在零轴之下形成了一个低位金叉，KDJ指标则是持续上扬，并且已经来到了接近超买区的位置。

两个技术指标发出的信号都是积极看好的，反观股价也没有跌破前期低点的迹象，那么后市变盘向上的可能性就比较大了，投资者既可以在此时就建仓入场，也可以等到突破再买进。

4月初，突破时机到来，K线收出了一根长实体阳线强势越过了中长期均线的压制，明确的建仓点形成了。

在此之后，股价短暂整理两个交易日后继续大幅收阳上升。但就在突破35.00元价位线的次日，K线实体缩短了不少，后续更是连续收出走平小K线，涨势再度陷入停滞。

不过好在股价没有下跌的迹象，随着均线组合的持续上行，K线也最终在4月中旬收出长实体阳线继续上升了。将该大阳线与前期的多根K线结合来看，可以看出是一个比较标准的上档盘旋形态，意味着上涨行情的延续。

这时再看技术指标的表现，MACD指标线已经运行到了零轴之上，并且由于股价停滞后再度上涨的走势，MACD红柱还形成了上移双重峰的形态。KDJ指标则早在K线突破中长期均线时就来到了80线附近，后续更是进入高位钝化之中，进一步证实了股价涨势的积极。

多重信号共同作用下，谨慎型短线投资者完全可以尝试着在上档盘旋的位置加仓追涨，增加获利筹码。

6.1.2 上涨趋势稳定后的追涨

等到上涨趋势彻底稳定后，谨慎型追涨计划就可以继续了。对于短线投资者来说，一次持股只需要加仓一到两次就可以了，毕竟有持股时间的限制。等到上一批筹码兑现完成后，投资者才会进入下一次低吸追涨的循环之中。

因此，在整段牛市行情中，只要位置合适，短线投资者可以进行频繁的建仓和加仓操作。

下面来看一下三棵树的上涨趋势稳定后，合适的加仓位置在何处。

实例分析
上涨趋势中根据突破位追涨

图6-2为三棵树2020年5月至8月的K线图。

从图6-2中可以看到，该股在2020年5月下旬已经上涨到了40.00元价位线之上。并且在进入6月后不久，股价就再度向上拉升，来到更高的位置后小幅回调整理。

6月，股价的走势如同上台阶一般，稳定且有规律地上涨，中长期均线也长期承托在K线和短期均线之下。在此期间，MACD指标和KDJ指标基本上都处于横盘震荡状态中，参考价值稍有下降，但投资者依旧可以利用指标线的交叉形态来定位回调低点，进而伺机追进。

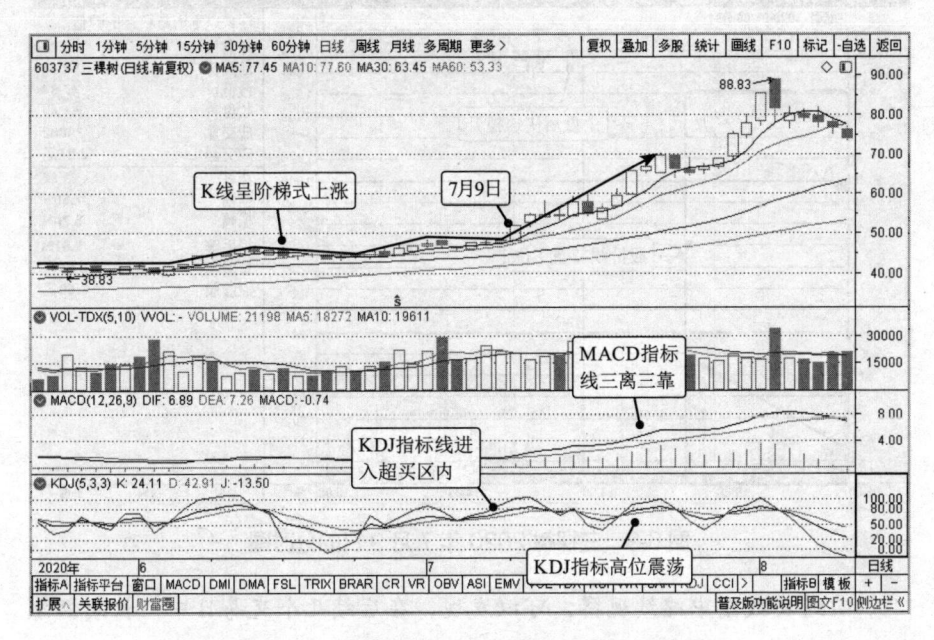

图 6-2　三棵树 2020 年 5 月至 8 月的 K 线图

进入 7 月后，股价已经来到了接近 50.00 元价位线的位置，并且在 7 月初还处于横盘整理状态。7 月 9 日，K 线突然收出一根长实体阳线一举突破了 50.00 元的压力线。

这根阳线的实体算是近期最大的，并且出现在突破位，很可能是主力发力拉涨的表现。

下面来看当日的分时走势中有何异动。

图 6-3 为三棵树 2020 年 7 月 9 日的分时图。

从当日的分时走势可以看到，该股在 7 月 9 日开盘后出现了一段时间的震荡，但最终还是在成交量的放大支撑下逐步向上攀升，形成了早盘放量上涨的走势。

尽管在 10:30 之后，股价涨势减缓横盘整理，但在下午时段开盘后，股价线明显再度拉升，来到更高的位置后长期高位震荡，最终以 7.50% 的涨幅

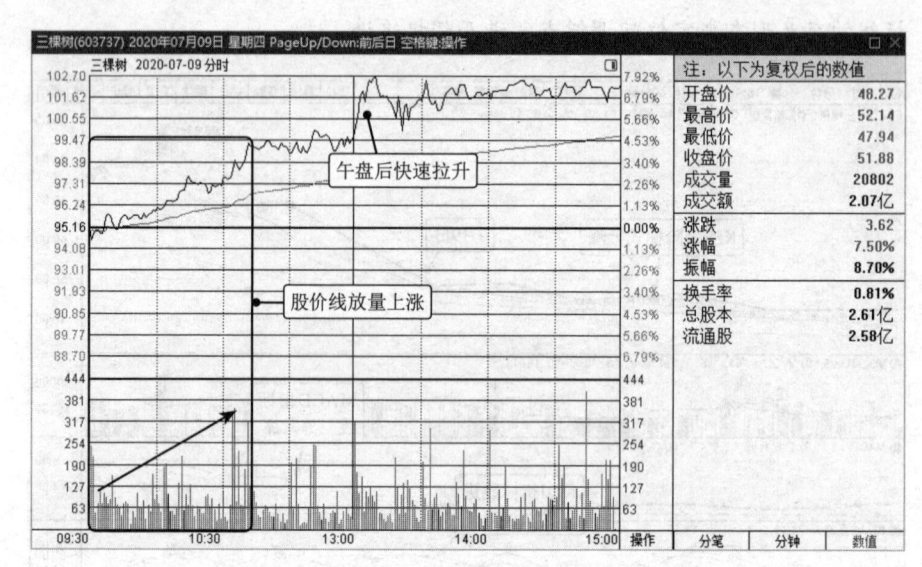

收出一根大阳线。结合K线图中的情况来看，追涨时机是比较明显的。

图6-3 三棵树2020年7月9日的分时图

回到K线图中继续观察，可以发现，在后续几个交易日中，长期黏合的MACD指标线向上发散开来，使得MACD红柱明显拉长。而KDJ指标也很快运行到了超买区内，看涨信号明显。

在后续的走势中，股价呈波浪式上行，期间的回调幅度都比较小，使得均线组合的多头排列一直在延续。KDJ指标则长期维持在较高的位置震荡，证实了场内买方力量的充足。

而MACD指标在此期间也形成了一种特殊的三离三靠形态，即DIF三次靠近又三次远离DEA。这是一种非常适合短线投资者追涨的形态，每一次靠近和远离，都预示着股价的小幅回调和继续上涨。那么短线投资者就可以借此机会分次加仓，等到股价进入下一波深度回调就可以将前期收益兑现了。

6.1.3 再次回调后重新跟进

即便在牛市行情中，深度回调也是避免不了的，短线投资者最好及时在回调形成后撤离。等到回调结束、上涨行情继续时，短线投资者就又可以进行建仓后追涨的操作了。

下面来看三棵树在一次深度回调后重新上涨的情形如何。

实例分析

上涨初期多指标指示买进

图 6-4 为三棵树 2020 年 11 月至 2021 年 2 月的 K 线图。

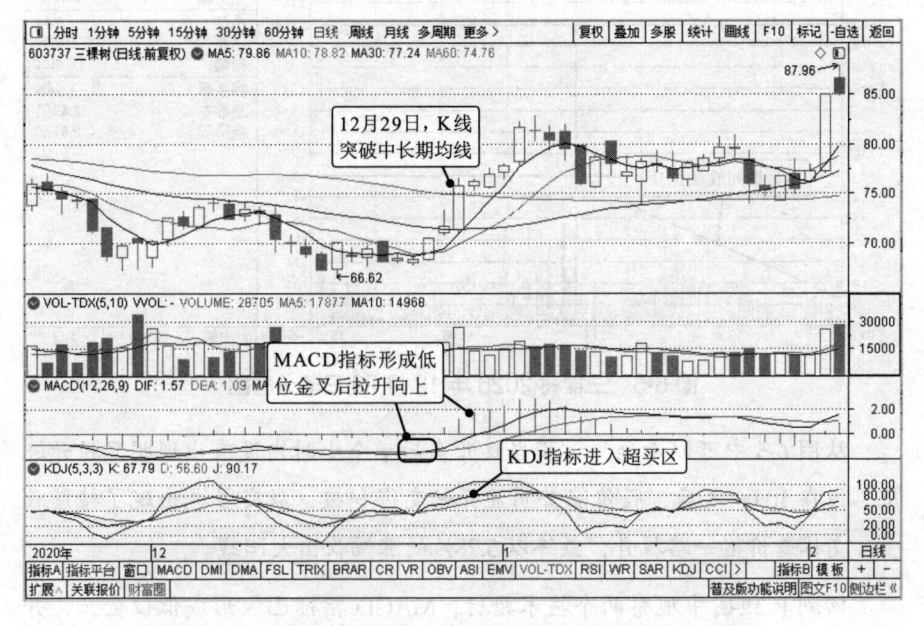

图 6-4　三棵树 2020 年 11 月至 2021 年 2 月的 K 线图

2020 年 11 月三棵树的股价已经出现了深度回调的走势，并且在中长期均线的压制下一路跌到最低 66.62 元才有了筑底迹象。

在后续近一周的时间内，K 线都维持在 70.00 元价位线之下横盘震荡。MACD 指标此时也处于零轴之下，DIF 与 DEA 黏合在一起走平运行，参考价值不大。但 KDJ 指标此时却出现了明显的上移走势，说明买方正在积蓄力量，股价后市可能会变盘向上，有些投资者此时都已经建仓买进了。

12 月底，这样的推测得到了证实，K 线开始收阳上行，12 月 29 日收出的大阳线更是直接突破到了均线组合之上，买进时机明显。

下面来看当日的分时走势如何。

图 6-5 为三棵树 2020 年 12 月 29 日的分时图。

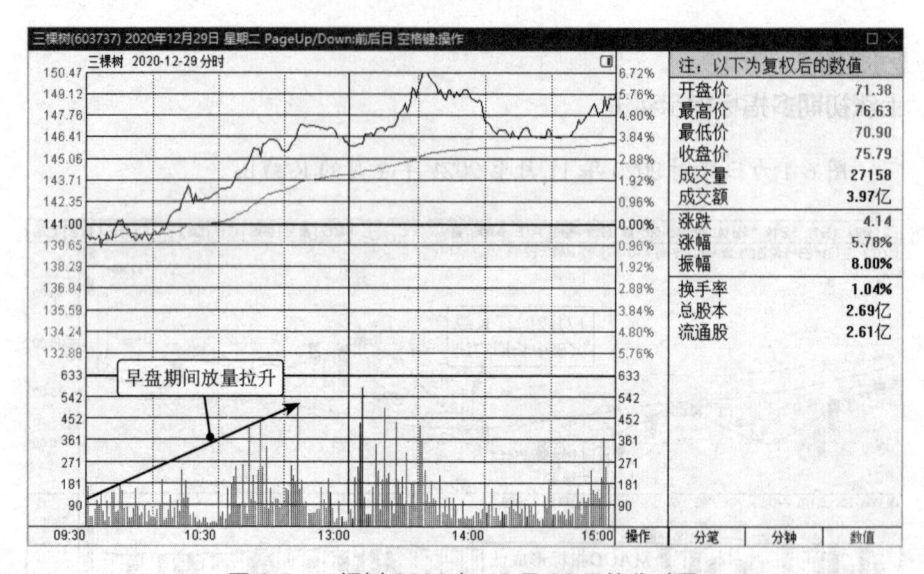

图 6-5　三棵树 2020 年 12 月 29 日的分时图

从图 6-5 中可以看到，该股当日开盘后半个小时内没有出现明显拉升迹象，但在 10:00 之后，股价涨势明显开始变得积极，成交量也出现了持续放量，支撑着价格一路拉升，最终以 5.78% 的涨幅收出大阳线。

回到 K 线图中观察两个技术指标，MACD 指标已经形成低位金叉，并在 12 月 29 日上行到多头市场之中，红柱不断拉长。KDJ 指标也已经进入了超买区内，证实了股价积极拉升的信号，投资者可以在此迅速建仓跟进或加仓追涨了。

6.2　迪瑞医疗：激进性追涨计划

激进性追涨计划更适合激进型投资者的操作策略，对建仓点和加仓点的选择都要更加超前和冒险，对短线投资者的分析和决策能力也都有很高要求。不过只要投资者操作得好，可以更好地控制成本。

下面选择迪瑞医疗（300398）的一段牛市行情向投资者展示激进性追涨计划将如何进行。

6.2.1　连续两次拉升追涨

在拉升的初始位置，短线投资者需要抓住时机进行低位建仓，并且在二次拉升的机会到来时迅速跟进加仓。有时候股价拉升的速度太快，投资者二次追涨的位置甚至与建仓点只间隔一个交易日。

在迪瑞医疗的这段初始拉升过程中，就连续出现了两次这样的快速拉升，下面进入案例进行仔细分析。

实例分析

连续两次拉升的追涨机会

图6-6为迪瑞医疗2022年7月至11月的K线图。

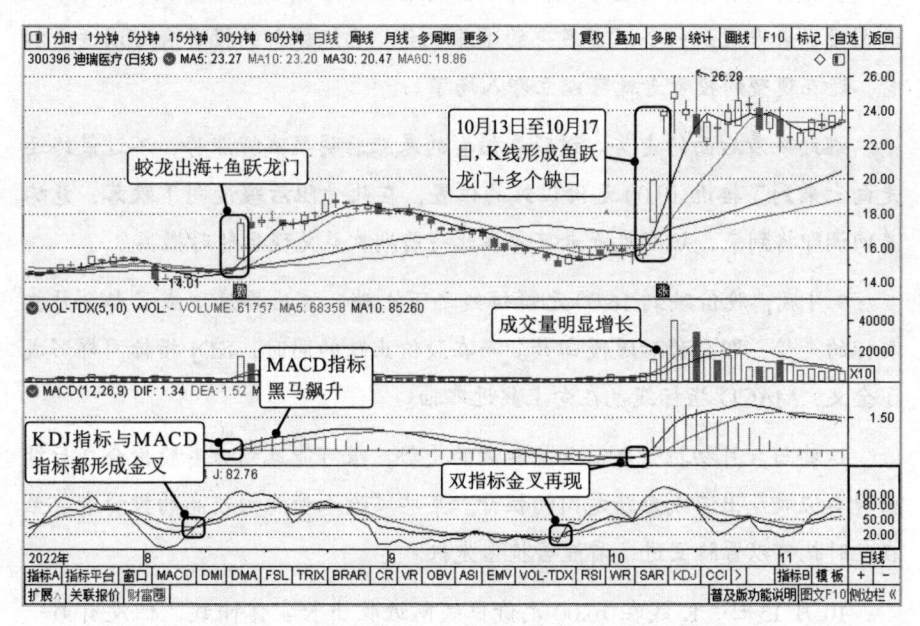

图6-6　迪瑞医疗2022年7月至11月的K线图

从迪瑞医疗在 2022 年 7 月的均线组合表现来看，该股前期基本上处于相对低位震荡之中，偶有的上升，但幅度也不大，至少无法彻底突破 16.00 元价位线的压制，这导致均线组合黏合在一起。

进入 8 月，股价创出 14.01 元的近期新低后小幅回升。此时的 KDJ 指标先行在 50 线以下形成了一个金叉，MACD 指标线也逐步向上逼近了零轴，不过信号强度并不大，无法说服投资者立即跟进。

8 月上旬，K 线收出了一根实体不大的阳线，但这根阳线却自下而上穿越了整个均线组合，形成了一个不太标准的蛟龙出海形态。由于其实体太短，即便符合蛟龙出海的部分技术形态要求，也无法彻底确定是上涨开启的标志，因此，即便是激进型投资者也要慎重考虑是否在此跟进。

次日，成交量突然放出巨量将股价大幅推涨，K 线收出一根向上跳空的涨停大阳线彻底越到了均线组合之上，形成了一个鱼跃龙门形态。并且当日的最高价还明显突破了前期高点，证明该缺口属于突破缺口。而在当日，MACD 指标也形成了金叉上扬，后续也有构筑黑马飙升的迹象。

多指标、多信号重叠形成，释放出的看涨信号已经十分强烈了，对于激进型投资者来说是一个不可多得的追涨机会。已经建仓的投资者可以适当加仓，还在观望的投资者就可以立即入场了。

继续来看后面的走势。该股在短暂的暴涨后明显减缓涨势，不过最终还是向上来到了接近 19.00 元价位线的位置，在此受阻后缓慢向下跌落，意味着回调即将到来，短线投资者可以在此将前期收益兑现后暂时撤离。

9 月底，股价跌到 16.00 元价位线之下止跌，随后再度形成了与 8 月初类似的走势，即企稳后缓慢回升。而在股价止跌的同时，KDJ 指标同样形成了金叉，MACD 指标线也在向上靠近零轴。

这些与 8 月初拉升之前如此相近的走势，很可能也意味着股价会在后续出现类似蛟龙出海或鱼跃龙门的拉升。某些风险承受能力较高的投资者甚至在此时就可以冒险买进，看能否抢占先机。

10 月 13 日，K 线在 16.00 元价位线附近收出长实体阳线，但没有第一时间突破整个均线组合。次日，股价向上跳空涨停，收出的大阳线与前一根阳线之间形成明显缺口，并且最高点也越过了 19.00 元价位线的压制，证明这又是一次突破缺口与鱼跃龙门的结合。10 月 17 日，K 线再次跳空收阳，直接来到了接近 24.00 元价位线的位置，短期涨幅极大，达到了近 50%。

在此期间，成交量也有显著放大，MACD 指标更是在形成低位金叉后急速拉升向上深入到多头市场之中，进一步证实了市场买方的积极性。对于短线投资者来说，在这三个交易日内抓紧时间追涨是最好的方案。

下面就来看一下近几日的分时走势中有没有好的时机。

图 6-7 为迪瑞医疗 2022 年 10 月 13 日至 10 月 17 日的分时图。

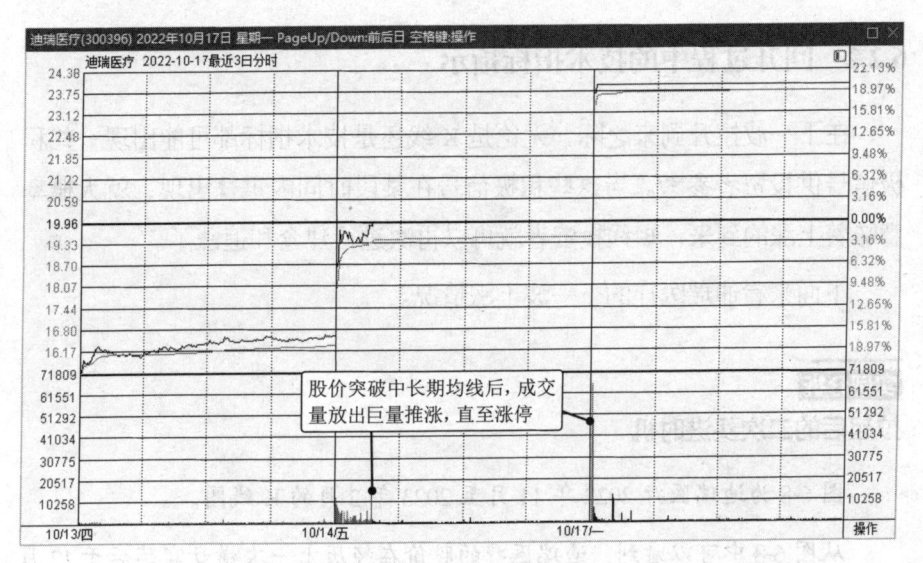

图 6-7　迪瑞医疗 2022 年 10 月 13 日至 10 月 17 日的分时图

先来看 10 月 13 日的分时走势，从图 6-7 中可以看到，该股在当日的涨幅并不算太大，成交量的活跃度也一般，但股价从开盘后就处于积极上升状态，结合 K 线图中突破 16.00 元压力线的走势来看，短线投资者在当日加仓没有问题。

次日，股价明显跳空开盘，并且在开盘后就受到成交量集中大幅放量的推动直接向着涨停板发起了冲击。不过股价在冲到 19.33 元价位线上后有过短暂停滞，结合外部情况分析，这正是价格突破关键压力线后的回踩行为。趁着股价还未彻底涨停封板，短线投资者就要迅速跟进了。

10月17日的情况则更加极端，该股的开盘价就已经十分接近涨停价了，并且在开盘后第一分钟就有一根大量柱急速将股价推到了涨停板上。这样一来，除非投资者在开盘后立即挂单，否则很难挤进场内交易，但这也直接证明了主力拉升的决心。

不过从K线图中后续的走势来看，该股在此之后的上涨并没有坚持太久就进入横盘震荡之中了，但投资者的收益还是比较丰厚的。所以，这时候的短线投资者最好还是将前期收益兑现了再留在场外观望，等待下一次拉升的到来。

6.2.2　回升过程中的技术指标指示

在下一波拉升到来之际，无论是K线还是技术指标都可能出现一些积极信号供投资者参考。当这些积极信号在某段时间内重叠出现，就大概率意味着上涨的到来；短线投资者就可以再次进行建仓和追涨了。

下面来看迪瑞医疗的下一波上涨情况。

实例分析

拉起后的二次买进时机

图6-8为迪瑞医疗2022年11月至2023年2月的K线图。

从图6-8中可以看到，迪瑞医疗的股价在经历上一次横盘震荡后于12月上旬出现了明显下跌。不过好在股价没有彻底跌破60日均线，而是在其支撑下企稳后迅速回升，拉出了一根长阳线。

与此同时，MACD绿柱明显抽脚，KDJ指标也在20线以下形成了一个低位金叉后上行。这就说明股价可能即将回归上涨，激进型短线投资者可以尝试着再次建仓了。

拉出长阳之后，股价在24.00元价位线下方走平整理了几个交易日，然后再度收阳回升突破到压力线之上，构筑出了一个上档盘旋的形态。不过由于阳线实体不长，上档盘旋也不是特别标准，但根据MACD指标金叉和

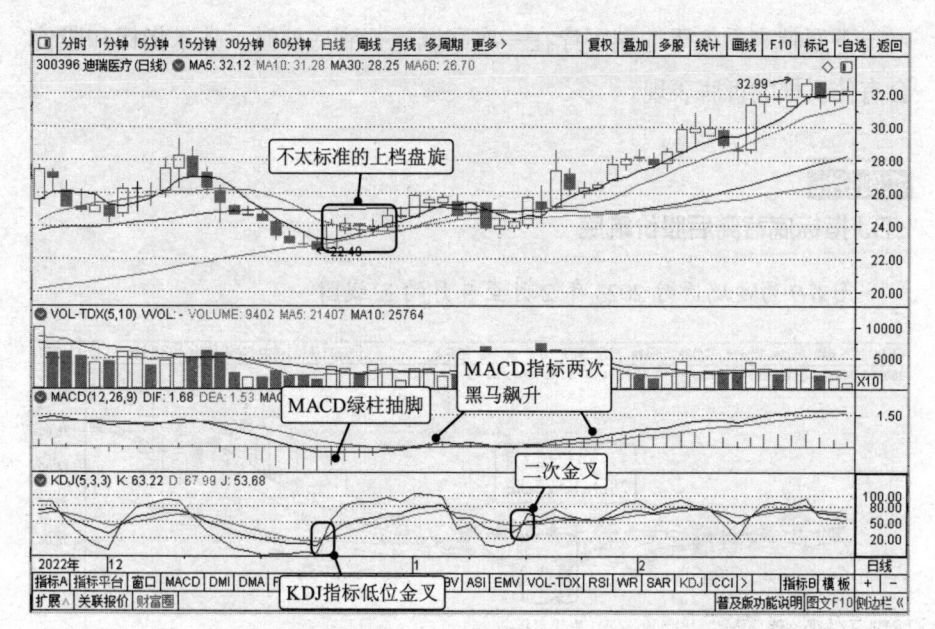

KDJ 指标超买的表现来看，市场整体还是看涨该股的。

图 6-8　迪瑞医疗 2022 年 11 月至 2023 年 2 月的 K 线图

在后续的走势中，股价继续上升并成功突破到了中长期均线之上，虽然在进入 2023 年 1 月后出现了小幅回调，但持续时间和回调深度都有限。

MACD 指标与 KDJ 指标跟随着股价出现了一系列的震荡，但最终还是在上涨趋势确定后形成了积极的上升形态，如 MACD 指标的两次黑马飙升、KDJ 指标的二次金叉及高位钝化。在此期间，短线投资者就可以伺机加仓追涨了。

6.2.3　指标底背离寻追涨时机

确定股价回调筑底位置对于激进型短线投资者来说是很重要的。如果技术指标能够在筑底之前发出反转信号，那么这部分投资者基本就可以提前入场，以期降低持股成本。

当然，如果投资者在 K 线或分时走势尚未表现出明显的筑底或拉升迹象前就买进，风险还是比较大的，更别说后续还要伺机加仓。因此，即便投资者执行的是激进性的追涨计划，也不能随意买进。

下面就来看一下迪瑞医疗在一次回调运行到底部时，技术指标和股价会有什么样的筑底表现。

实例分析

KDJ 指标底背离后股价筑底

图 6-9 为迪瑞医疗 2023 年 2 月至 5 月的 K 线图。

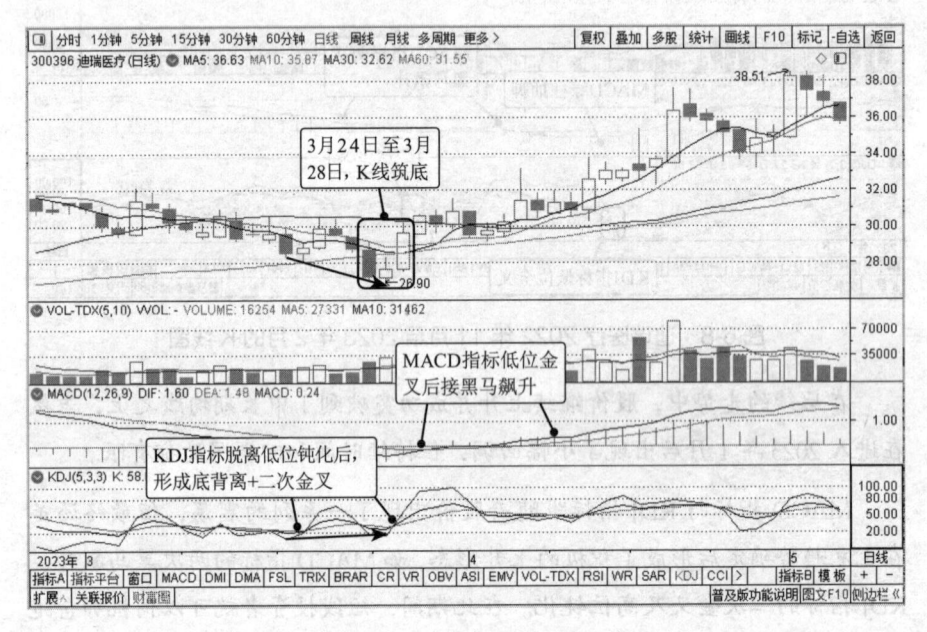

图 6-9　迪瑞医疗 2023 年 2 月至 5 月的 K 线图

在迪瑞医疗 2023 年 2 月至 5 月的这段走势中，于回调低位起到关键预示作用的是 KDJ 指标。从图 6-9 中可以看到，该股在 3 月的大多数时间内都处于回调下跌状态中，KDJ 指标受其影响长期位于 20 线附近低位钝化，一直持续到 3 月中旬。

此时，股价跌到 60 日均线上暂时止跌，然后形成了一次幅度稍大的反弹，但依旧没能越过 30 日均线。KDJ 指标跟随出现了较明显的震荡，在 20 线附近形成一个金叉后小幅上冲，不过随着股价的继续下行，指标线中只有 J 曲线小幅突破了 50 线，后续就转势下行了。